家有小学生的
时间管理课

"喜马拉雅FM" 特邀讲师　茉莉◎著

北京科学技术出版社

图书在版编目（CIP）数据

家有小学生的时间管理课 / 茉莉著 . —北京：北京科学技术出版社，2021.11
ISBN 978-7-5714-1824-3

Ⅰ . ①家… Ⅱ . ①茉… Ⅲ . ①小学生—时间—管理 Ⅳ . ① G625.5

中国版本图书馆 CIP 数据核字 (2021) 第 194641 号

策划编辑：宋　晶
责任编辑：白　林
责任印刷：张　良
出 版 人：曾庆宇
出版发行：北京科学技术出版社
社　　址：北京西直门南大街 16 号
邮政编码：100035
电话传真：0086-10-66135495（总编室）
　　　　　0086-10-66113227（发行部）
网　　址：www.bkydw.cn
印　　刷：北京宝隆世纪印刷有限公司
开　　本：720 mm × 1000 mm　1/16
字　　数：100 千字
印　　张：10
版　　次：2021 年 11 月第 1 版
印　　次：2021 年 11 月第 1 次印刷
ISBN 978-7-5714-1824-3

定　价：56.00 元

致谢

柯禹、吴显琼、陈传钊、陈传祥、金建平、周艳、倪高军、房小燕在书稿撰写和后期文字编校过程中给予本人很大帮助和支持，笔者在此向其表示诚挚感谢。

感谢我的父母、丈夫和两个女儿，他们是我成长、创作的动力源泉，是我生命中最重要的人。

前言

儿童时间管理致力于培养孩子"高效学习、从容生活"的好习惯，让孩子拥有一个"从容不迫"的快乐童年。

孩子的生活、学习以及玩耍都是在"时间维度"上的，如果孩子养成了做事拖拉、写作业慢、早上不想起、晚上不肯睡等习惯，那么他的生活、学习效率自然就会很低，这就会导致父母不停催促，进而大吼大叫，直至情绪的爆发。

3～12岁是孩子习惯养成的黄金期，而玩耍又是孩子的天性，通过游戏化的方法锻炼孩子管理时间的能力，潜移默化地让孩子在笑声中学会掌控时间，正是本书的特点。本书中的训练分为3个阶段：

第一阶段：重在短期行为习惯——解决"最迫切"的问题。

这一阶段主要解决父母最头痛、每天生活中都会出现的问题，包括生活方面，也包括学习方面，如早上赖床、晚上不想睡、做事拖拉、写作业磨蹭、沉迷于玩手机、做事丢三落四等。

第二阶段：重在中期行为习惯——让孩子做事更高效。

这一阶段主要提升孩子的执行力、专注力以及目标管理、自我管控等能力。这些能力是支撑孩子从被动到主动、从主动到自主改变的基础。

第三阶段：重在长期行为习惯——打造"从容不迫"的生活方式。

孩子能力的固化之后，家长就要教孩子制订中长期计划，锻炼孩子管理更长远目标的能力，让孩子在以后的生活、学习、工作中终身受益。

孩子的习惯养成进程是螺旋式上升的。在此过程中，孩子的表现有可能出现波动，甚至还会退步，家长一定要多鼓励孩子，多发现孩子的闪光点，温柔地坚持。

"不要高估孩子短期的成长，也不要低估孩子长期的改变"是开启儿童时间管理训练之旅的最佳心态。

目录

第一章

了解拖拉潜规则

01 一个"圆"，专治孩子拖拉

本节主要解决 2 个问题。

❶ 如何用一个"圆"根治孩子拖拉磨蹭？

❷ 如何用 7 张便笺纸让孩子拖拉的态度立即发生 180° 的转变？

✔ 何为一日时间图？

想让孩子不再拖拉，培养孩子管理时间的能力，首先要让孩子对时间有清晰的感知。家长可以从一日时间图（图1-1）这一工具着手，增强孩子对时间的感知能力。

人的一天其实就是人一生的缩影，如何安排好自己的一天是非常重要的课题。对孩子而言，想要彻底改掉拖拉磨蹭的坏习惯，最好从一天的习惯着手，这也是儿童时间管理的核心基础。要打好这个基础，只需要一张图，我们称之为"一日时间图"。它可以把"一天"这一时间概念传递给孩子，让孩子从日循环系统—— 一天时间的安排——开始学习时间管理，逐步改掉拖拉磨蹭的坏习惯。

孩子拖拉磨蹭大多都是因为缺乏时间观念，总是觉得还有很多时间。例如：写作业的时候，孩子觉得时间还很充裕，就会先玩一会儿再写。这时，家长可能就很着急，有的家长甚至开始抓狂、咆哮，但不管家长是讲道理、摆事实，抑或是发脾气，孩子依然很磨蹭。因为孩子对时间没有概念、缺乏理解，不知道应该改进，所以才会日复一日地重复拖拉磨蹭的行为。

一日时间图里形象的图画能让孩子对时间有直观的视觉感受，让孩子把时间和自己做的事情关联起来，清楚地让孩子明白自己做的每一件事都是有时间限制的，这对孩子认识时间的有限性有很大的帮助。因为只有把时间和自己做的每一件事都关联起来，孩子才会明白如果事情做得慢，就会影响之后其他事情的进度，这远胜于家长给孩子讲一堆大道理。

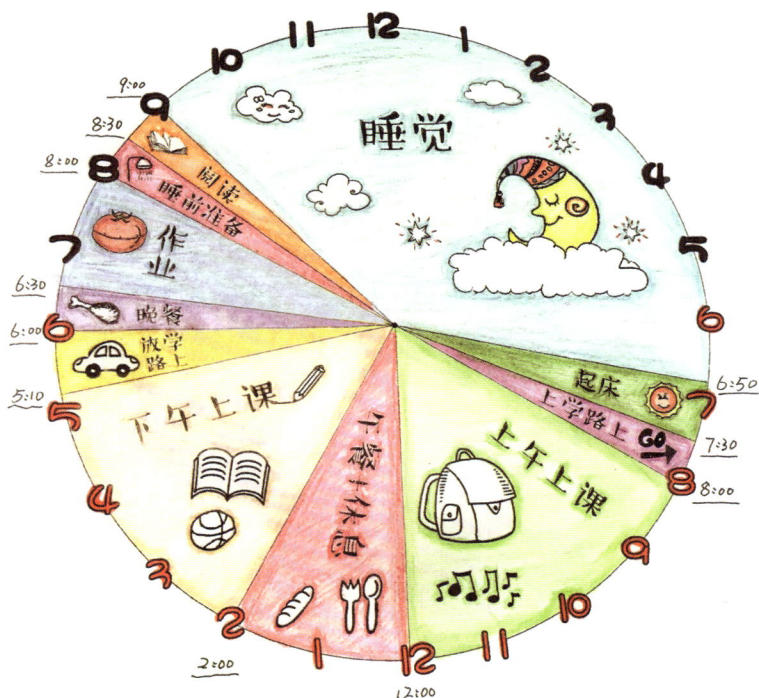

图 1-1　一日时间图

✔ 如何绘制一日时间图？

第一步，制作便笺纸时间安排图

首先，在绘制一日时间图之前把一天内要完成的任务列出来。家长需要与孩子沟通、讨论，还要给予孩子一定的指导。任务的安排需要反复调整、不断优化，直接在一日时间图上涂涂改改非常不方便，所以家长需要借助便笺纸这一辅助工具——先在便笺纸上跟孩子一起对时间和任务进行初步安排，让孩子对一天内要完成的任务选择、整合、排序。这比用橡皮涂涂改改方便得多。

与孩子讨论沟通的时候，家长可以向孩子提一些最基本的要求。这些最基本的要求一般是家长认为必须完成且不可更改的，也是家长的底线，其中最好包含孩子的玩耍时间。

> 注意：家长主动提出给孩子安排玩耍的时间，这一点很重要。这会让孩子觉得家长很照顾自己的感受，给自己留出玩耍的时间，从而心情愉悦，自然也就愿意配合家长绘制一日时间图了。而孩子有意愿参与时间图的绘制，这就成功了一半。

如果孩子接受了家长提出的最基本的要求，那么接下来就可以让孩子自己做主，安排剩余的时间。对剩余的时间进行安排时，建议以30分钟为一个独立的时间段。为什么是30分钟呢？第一，方便时间分段，容易计算时间；第二，方便孩子在做作业的时候使用番茄工作法（详见第四章），因为一个完整的番茄时间刚好是30分钟。

家长可以用3种不同颜色的便笺纸区分任务的性质，把所有需要在这段时间完成的任务根据性质的不同分别写在不同颜色的便笺纸上（表1-1），让孩子自主安排。

表 1-1 不同颜色的便笺代表不同的任务

蓝色	家长的最基本要求
绿色	在固定时间完成的任务（吃饭、睡前准备）
黄色	孩子自主安排完成时间的任务（写作业、其他活动）

举例来说，家长提出3个最基本的要求：第一，上床睡觉的时间必须是21:00；第二，每天阅读30分钟；第三，每天下楼活动30分钟。在这些最基本的要求得到保证的情况下，假定孩子17:30到家，那睡觉前就有3.5小时需要安排，这3.5小时可以分为7个独立的时间段。家长可以和孩子先把已经确定的部分——家长提出的最基本要求和在固定时间完成的任务——写好并且贴好，孩子自主安排完成时间的暂时不填写（图1-2），让孩子自

图 1-2 便笺纸时间安排图
（空出自由安排时间）

时间	安排
17:10	放学
17:30	自由安排
18:00	吃饭30分钟
18:30	写作业
19:00	写作业
19:30	下楼活动30钟
20:00	睡前准备30分
20:30	阅读30分钟
21:00	睡觉

图1-3　便笺纸时间安排图
（填入自主安排部分）

己来决定。等孩子考虑好自主决定的部分之后，再填入便笺纸时间安排图（图1-3）。

在列出便笺纸时间安排图之前，孩子往往会以为晚上有很多时间，而像这样列出时间安排后，孩子就能非常直观地看到晚上能够自主安排的时间其实是有限的。例如，在上面的例子中，家长提出的最基本要求就占用了1小时；在固定时间完成的任务也占用了1小时；留给孩子自主安排的只有1.5小时，而这1.5小时中还要完成作业。孩子自然就会产生"怎么只有那么点时间"的紧迫感，做事的效率也自然会提高。

其实，这种紧迫感不是家长施加给孩子的，而是便笺纸时间安排图传递给孩子的。孩子以前没有算过这笔时间账，现在通过利用便笺纸进行时间安排，孩子很容易就能理解时间的紧迫性，明白做事要高效，懂得只有快速完成手头的任务，才能获得更多的自由时间。

另外，在安排时间的过程中，家长是让孩子自己做最终决定，这样家长就把责任转移到了孩子的手上。慢慢地，孩子就能理解该如何安排自己必须完成的任务才更合理、更高效，并深刻认识到这是他需要自己独立深入思考的问题。

第二步，绘制一日时间图

利用便笺纸把时间安排好之后，家长就可以鼓励孩子绘制一日时间图了。一日时间图会让孩子在日常执行过程中对时间有更直观的视觉感受。

首先，需要画一个圆，并在圆上用阿拉伯数字标出时间；然后，根据便笺纸时间安排图的内容将圆划分成若干个扇形并涂上不同的颜色，表示完成不同任务的时间段；最后，把任务填入相应的时间段，填写的时候可以用文字，也可以用图画。

例如，一个小学生的一日安排如表1-2。

表 1-2　一日安排表

时　间	任　务
6:50 ~ 7:30	起床、洗漱
7:30 ~ 8:00	上学路上
8:00 ~ 17:10	学校生活
17:10 ~ 18:00	放学路上
18:00 ~ 18:30	晚饭时间
18:30 ~ 20:00	写作业（用番茄工作法高效写作业）
20:00 ~ 20:30	睡前准备
20:30 ~ 21:00	阅读时间
21:00	熄灯睡觉

则绘制好的一日时间图如第3页中图1-1所示。

另外，当今社会，很多孩子都会有上课外补习班或者特长班的安排，这些安排也可以体现在一日时间图中，只需要在基本时间图的基础上细分出一些扇形即可。例如，在上述时间安排的基础上，一周上两次特长班——周二和周四的18:00~19:00，这两天放学后的安排如表1-3所示。

表1-3　放学后的安排

时　间	任　务
17:10 ~ 17:50	吃晚餐
17:50 ~ 19:00	绘画课
19:00 ~ 20:00	写作业

那么，绘制好的一日时间图如图1-4所示。

图1-4　一日时间图（体现特长班）

绘制一日时间图时需注意以下几点。

（1）**孩子遇到困难的时候，家长要与孩子共同面对，并想办法帮助孩子解决**。举例来说，遇到作业特别多的时候，家长可以引导孩子想办法给作业分类，把需要背诵的作业安排在其他时间完成，如一边洗澡一边背诵课文。这时候孩子就会觉得家长跟他在一条战线上，是在帮他解决问题。

（2）**在操作过程中，家长应给予孩子适当的帮助和建议**。如果家长提出的建议没有被孩子采纳，家长也要尊重孩子，让孩子先按照他自己的想法安排。举例来说，用便笺纸时间安排图安排时间的时候，针对吃完饭是先写作业还是先下楼玩耍一会儿，家长和孩子可能有不同的想法。家长建议孩子吃完饭可以先下楼玩耍，回来之后再写作业、阅读，因为家长觉得孩子吃完饭后需要放松一会儿。可是孩子有自己的想法——先写作业，再散步和阅读，因为在孩子看来，写完作业再玩耍，会玩得比较尽兴。这时，家长最好尊重孩子的意见。

（3）**在进行时间安排的过程中，即使孩子安排得不合理，家长也不要着急**。家长要适当放手，让孩子自己在过程中体验和选择。有时候，让孩子适当走一些弯路也是可以的，孩子体验过自己的安排，再来体验家长的安排，自然就会有所比较。在对比之后，孩子会更容易理解自己的安排有哪些不合理之处，以及家长为什么建议他不要这样去安排时间。

综上，绘制一日时间图时要遵循以下3个原则。

（1）让孩子自主安排时间，家长要先提出最基本的要求，用不同颜色的便笺纸进行标注。

（2）当孩子遇到困难的时候，家长要和孩子一起想办法解决。

（3）家长应在必要时给孩子一些建议，但若孩子不采纳，家长要尊重孩子自己的想法。

安排好时间，并了解绘制一日时间图的方法和要点之后，家长就可以跟孩子一起绘制一日时间图了。看到自己制作的成果，孩子肯定会信心满满地按照一日时间图执行日程计划，慢慢地，孩子做事的效率就会大大提升。

⏰ 孩子还太小，看不懂一日时间图，怎么办？

其实，5 岁左右的孩子就可以使用一日时间图了，只是绘图和进行时间安排的时候需要家长给予更多的引导和帮助。因为孩子年龄小，家长需要和孩子一起把文字变成生动的图画，让孩子理解时间和任务之间的联系，这是需要家长花一些耐心才能完成的事情。注意：所有的过程都尽量让孩子参与讨论和体验，每一个步骤都是让孩子理解时间的关键。

而 5 岁以下的小宝宝，可以使用幼儿时间图（图 1-5）。

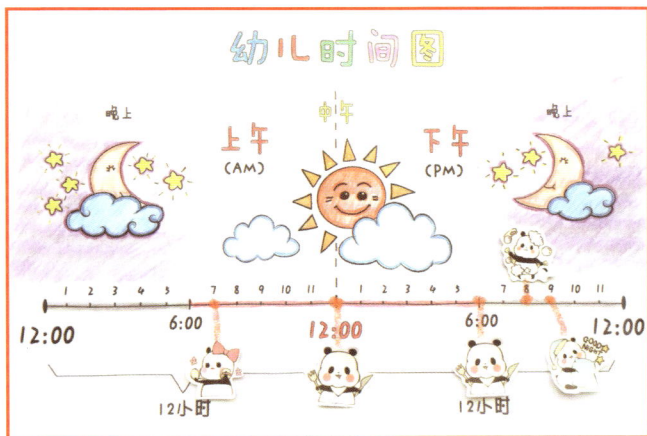

图 1-5　幼儿时间图

幼儿时间图比较简单，主要是让孩子知道每一天都是一个循环的过程，了解白天和黑夜、上午和下午这些大块的时间分段就可以了。家长也可以把孩子每天的三大习惯坐标——入睡时间、起床时间、吃饭时间——标注到幼儿时间图上。因为标注才会引起孩子的关注，保证任务的执行，而幼儿期正是培养孩子生物钟非常关键的时期。

如果想把时间图绘制得更生动一些，家长可以在时间图上安装一个能活动的小构件，小构件上可以贴上孩子的照片或者孩子喜欢的卡通形象。在一天中，随着时间的推移，把小构件移到对应的时间点上，让孩子在游戏中理解时间的内涵，在玩乐中体验时间，了解时间是不断流逝的这一特性。

※※※※※※※※※※※※※※※※

02 提醒孩子"什么时间做什么事情"的 DIY 时钟

本节主要解决 2 个问题。
❶ 如何让孩子快速认读时钟？
❷ 如何制作能提醒孩子"什么时间做什么事情"的 DIY 时钟？

在小学1~3年级的数学课堂上，老师会将时间作为一个数学知识点教给孩子，教孩子如何认读时间。一旦讲解过如何认读时间之后，老师就不会再围绕时间这一知识点展开更多讲解，可事实上大多数孩子学过之后还是不太会认读时间。

认读时间对时间管理而言是特别重要的。只有很好地认读时间，才能很好地感知时间，很好地把自己的行为与当前的时间结合，知道什么时间该做什么事情。

✔ DIY 速读时钟

与课堂教学相比，用生活化的方式教孩子认读时间，孩子更容易理解和接受，也便于其长期练习。生活中常用到的时钟是教授孩子认读时间最直接的工具。建议家长在家里放一个时钟，让孩子能够经常看到时钟，这对孩子认知时间有很大的帮助。

常用的时钟有2种，一种是传统圆盘式时钟，一种是数字显示式电子时钟。从认知时间的角度来说，传统圆盘式时钟比较好。的确，用数字显示式电子时钟比较容易读取时间，但它显示出来的数字是不能体现过去和未来的，只能体现现在的时间，无法把当下的时间放在1小时、1天的时间跨度中体现。如果当前时间失去了与前后时间的联系，我们就失去了很多相关信息。因此，建议在教孩子学习认知时间的初期，暂时不使用数字显示式电子时钟（图1-6）。

圆盘式时钟　　　　　　数字显示式电子时钟

图 1-6　常见的时钟

传统圆盘式时钟由包含1～12这12个数字的圆盘和会动的指针构成，可以显示当下时间与过去、未来的联系。另外，传统圆盘式时钟把时间拆分成一个一个小单元，秒积累成分钟，分钟积累成小时，合起来就构成了完整的时间轴线。

传统圆盘式时钟的表盘上，数字1～12代表小时，分钟则是通过五进制进行换算才能读出，对没学过乘法的孩子而言，比较困难。如果孩子还不会认读时钟，家长可以制作一个DIY速读时钟，方法很简单，只需要在原有的圆盘式时钟的基础上改造，把分钟的换算简化，让孩子更容易认读出时间。

首先，在钟表上原有的1～12这一圈数字的外圈用彩色卡纸贴上00、05、10、15、20、25、30、35、40、45、50、55这12个数字，然后再适当地装饰，能让孩子更容易认读时间的DIY速读时钟就做好了（图1-7）。

图1-7　DIY速读时钟

刚开始教孩子使用DIY速读时钟的时候，家长需要告诉孩子，内圈的数字代表小时，外圈的数字代表分钟，短针指的是小时，长针指的是分钟，先读出短针的读数，再读出长针的读数，就是当下的时间了。

✔ 升级版 DIY 时钟

孩子能够很好地认读时间之后，家长就要帮助孩子把客观时间与其主观行为联系起来、把时间概念与其行动相结合，让孩子知道什么时间该做什么事情。这个过程就是把时间观念内化到日常行为当中的过程，能有效地根治孩子的拖拉磨蹭。具体方法也非常简单，只需要一个升级版DIY时钟即可。

升级版DIY时钟的基本制作步骤与DIY速读时钟相同，不同之处在于我们还需要让要完成的任务在DIY时钟上有所体现，即在时钟上分割出扇形并涂色，将任务对应的时间段标注出来，当时针指到标注的区域，就说明孩子该去完成相应的任务了。这可以帮助孩子更好地理解自己应该在什么时间做什么事情，这对培养孩子规律的生活习惯有非常大的好处。

例如：对小学阶段的孩子而言，每天晚上都是最忙碌的，这个时间段也是亲子之间最容易发生冲突的时间段。家长可以跟孩子一起制作一个升级版DIY时钟，把阅读、作业、吃饭、玩耍等任务都标注在DIY时钟上（图1-8），帮助孩子学习如何合理安排下午放学之后到晚上睡觉之前的这段时间。

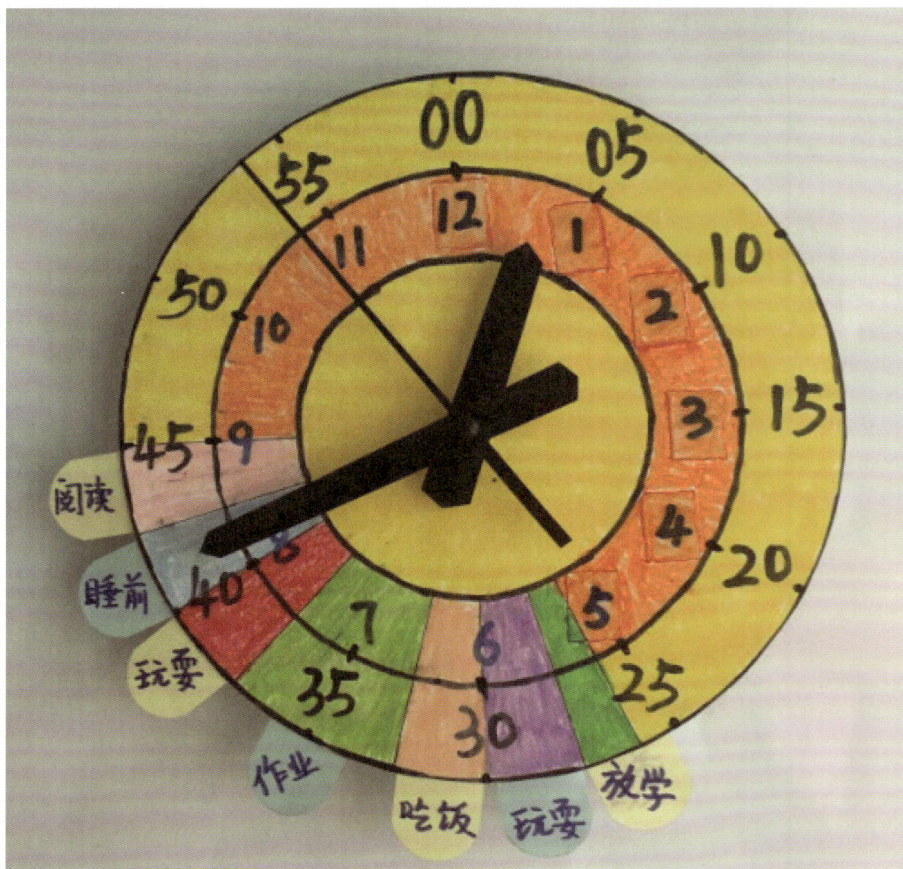

图 1-8 升级版 DIY 时钟

　　这个升级版DIY时钟还有一个特别的好处，就是可以让家里所有的人都了解孩子的时间安排，这样一来，即便妈妈不在家，爸爸、爷爷、奶奶也知道孩子到什么时间该做什么事情，可以适当提醒孩子，同时也便于全家建立一个统一的标准。

03 让孩子"抓紧时间"的时间觉察力游戏

本节主要解决3个问题。

1 幼儿园阶段的孩子和小学阶段的孩子分别适合哪种时间觉察力游戏?

2 如何让孩子不看钟表也知道时间?

3 如何让孩子体会"再不出发就会迟到"的紧迫感?

游戏是孩子最喜欢、最容易接受的学习方式,这种方式既能玩又能学习,一举两得,是让孩子认知世界的最好方式。因此,我们可以通过跟孩子一起玩时间觉察力游戏,有效地帮助孩子建立时间观念。

下面将给家长介绍3个感知时间的小游戏,它们都简单有趣,家长在每天的生活中就能和孩子一起玩。通过玩这几个游戏,孩子对时间的感知力会越来越强,对时间的认识也会进一步加深。

游戏一:今天是兔子还是乌龟?

这是固定任务计时的游戏。这个游戏主要是让孩子感知时间的存在,即让孩子知道自己做事情的速度与耗费时间的多少是有关系的。如果做事情时动作快一些,耗费的时间就少一些,那就是兔子;反之，如果动作慢一些，耗费的时间就多一些，那就是乌龟。

例如：每天早上孩子穿衣服时，家长可以拿计时器给孩子计时，孩子穿完衣服后就告诉他今天穿衣服用了几分钟。注意：这样做不是为了催促孩子，只是单纯做时间记录。

一开始，孩子可能并不明白为什么要这样做。8～10天后，家长可以帮孩子进行横向比较。如果某一天孩子穿衣服花费的时间减少了，就可以告诉孩子今天穿衣服比昨天快了几分钟，是只小兔子。相反地，如果孩子穿衣服耗时增加了，就可以跟他说："今天穿衣服多花了几分钟，成了小乌龟，为什么会这样呢？"通过这样的游戏，孩子慢慢地就会明白自己的行为和时间之间的关系。

这个游戏也可以延伸到吃饭、洗澡等方面。孩子会越来越理解，原来时间无时不在，穿衣服的时候时间在，吃饭的时候时间在，洗澡的时候时间在……待孩子对时间产生兴趣了，家长就可以继续给孩子进行更多关于时间的启蒙教育。

✔ 游戏二：比比看，谁厉害？

这个游戏的目的是看在固定时间内能完成多少任务。例如：周末收拾玩具的时候看看在10分钟内能收拾多少玩具。这样的游戏也可以延伸至其他方面，如看早上10分钟是否可以完成刷牙、洗脸、梳头等任务。

家长还可以引导孩子思考，为什么同样的时间，有时候完成的任务多，有时候完成的任务少，这样孩子就能知道原来动作快慢会影响任务的完成量。

与孩子一起玩这些游戏，实际上是帮助孩子与时间交朋友，让孩子感知时间这个朋友的存在，明白自己的行为与时间的联系。这样一来，以后想让孩子提高效率，教孩子进一步掌控时间，就能轻松实现了。

> 切记，用计时器不是为了催促孩子，如果家长经常这样，很快就会引起孩子的反感。一旦孩子开始抗拒计时器这个工具，再想重新启用，就非常难了。所以，使用计时器的时候，千万不要引起孩子的反感，而要让孩子逐渐接纳这个工具，这样才能真正帮助孩子理解时间的存在。

✔ 游戏三：猜猜现在几点钟？

这个游戏适合那些在认知时间方面有一定基础的、处于小学阶段的孩子。玩这个游戏时需要调动一切感觉系统才能感知到时间，游戏的过程非常有趣。

大多数时候，如果我们想知道当前的时间，一般会直接看钟表或者问别人。现在，让我们来做一个改变，下次想知道现在几点的时候，不要第一时间就看表，而是先猜测一下。当然，不能是瞎猜，而要基于对时间的理解，通过逻辑推理去猜。

家长可以在去学校的路上和孩子一起玩这个游戏。出门的时候看一下时间，到学校门口之后根据当天在路上的情况和孩子一起猜时间。家长可以先说出自己猜测的时间，让孩子在这个基础上猜，孩子猜对的准确率就会高一些，这样孩子就有兴趣继续玩这个游戏了。

举一个例子。某一天出门的时候是7:20，一路上没有遇到太多红灯，车速比较快，到学校门口之后，家长可以说："我先猜，我猜现在是7:45，因为没有遇到太多红灯，一路很顺畅，应该会稍微快一些，所以我猜是7:45。"玩过几次后，家长就可以让孩子先猜，并让孩子说出理由，这样孩子对时间的感知力会慢慢增强，对路上需要耗费多长时间会逐渐有清晰的认识。孩子慢慢地会明白，在上学的路上，除了必不可少的耗时之外，其实还会出现很多意外，需要耗费额外的时间，如果不能保证7:20出门，就有可能迟到。通过玩这个游戏，每天早上不用家长催促，孩子也知道要准时出门。

不管是孩子还是成人，都可以玩这个游戏，这个游戏还适合全家人一起玩或者让孩子和同学一起玩。孩子会在猜时间的过程中观察别人是如何猜测时间的。另外，在猜时间的过程中，孩子其实也练习了一些不同的思考方式，如逆向思考等。

注意：和孩子一起玩时间觉察力游戏时，我们需要一个小助手——电子计时器。建议使用数字显示的且具有正计时、倒计时两种功能的计时器。虽然手机也有计时功能，但不太推荐用手机计时，因为现在大多数孩子都很容易沉迷于手机，只要拿起手机，就不愿意放下。

第二章

巧用游戏化清单，在玩耍中解决问题

01 神奇的游戏化清单

本节主要解决 3 个问题。

❶ 为什么要使用清单？

❷ 游戏化清单究竟是什么？

❸ 不同年龄的孩子分别该如何选择游戏化清单？

✔ 清单的重要性

在时间管理领域，清单是很重要的工具。想让孩子快速行动，就需要给孩子使用清单。为什么我们要把任务做成清单？因为只有把任务都列出来，孩子才会更加明确地知道自己究竟要完成哪些任务。这并不是孩子健忘，只是人类的大脑并不擅长记忆，大脑更多的是用来分析问题的。生活在现代社会，琐碎的事情特别多，大脑最不擅长记忆这些琐碎的东西，因此特别容易遗漏。

据美国一项最新研究显示，人脑的工作记忆[1]十分有限。此前认为记忆的容量最多为7，但现在发现其实只有4——不是4MB，不是4GB，也不是4K，只是4个，这4个可以是4个数字、字母、单词等。

---

1 编者注：工作记忆是指信息加工过程中，对信息进行暂时存档和加工的记忆系统，是一个容量有限的系统。

如果不借助清单来记忆，家长就只能用语言催促孩子，孩子在前面做，家长就在后面催。可是，家长自己做事也难免会有遗漏的时候，又怎么能指望孩子做得十全十美？针对大脑不擅长记忆琐碎事情的特性，我们可以教孩子用清单的方式记录，清单是帮助我们解放大脑，从而让大脑有更多时间去思考的有效工具。

启用清单这个有效的工具之后，孩子只要通过一段时间的练习，就能潜移默化地形成习惯，这时就不再需要清单了。接下来，家长就可以继续培养孩子的下一个习惯，执行下一个习惯清单。

✔ 何为游戏化清单？

听到"清单"这两个字，会联想到什么？一个表格，上面满是一排排文字，写着孩子该完成的任务，是这样吗？的确，这是许多人对清单的基本印象。大多数人对清单的印象并不算太好，即使隐约知道清单有很多好处，但还是提不起兴趣使用，更别说教孩子使用了。

其实，清单是一个非常好用的工具，它不仅仅是一张纸，而是人类应付现代复杂事物的大脑"外挂"。清单之所以有用，是因为它比大脑可靠。但是，什么样的清单，才能让孩子乐意去使用呢？

对孩子来说，好玩是永恒的需求。想让孩子使用清单，就需要想办法对清单进行游戏化设计，使执行任务变成好玩的游戏。这样一来，对孩子而言，既有带入感，又有玩游戏的乐趣，孩子就会愿意配合执行清单，在玩的过程中就顺利地把事情都做完了，这就是本章推荐的游戏化清单。

　　例如："早起鸟"晨起清单就是一个典型的游戏化清单。清单（图2-1）中的树叶是可以翻转的活动构件，每一片树叶中都填写着一项晨起任务，孩子完成一个任务之后就可以把对应的树叶翻转过来（图2-2）。当全部树叶都翻转过来后，整棵树就由黄色变成绿色了（图2-3），这就表示孩子的晨起任务全部完成了。每个孩子所要完成的具体任务不完全一样，树叶中的文字及图像可以进行灵活的调整、增减。

> 　　树叶中的任务尽量用图像表示，这能给孩子强烈的视觉冲击，让孩子更直观地接收信息。这样一来，即使是幼儿园阶段的不识字的孩子，也能轻松理解并使用这份清单。而且，画画的环节很容易让孩子参与。只要孩子愿意参与清单的制作，孩子就会认同并愿意使用清单。

　　这种清单采用情景化的场景设计，并且通过游戏化的互动方式使得孩子执行完清单之后能及时得到反馈。孩子每完成一项任务就去移动清单的活动构件，这就是对孩子行动的一次即时反馈，这种即时反馈对孩子行为的强化有非常好的正向作用，对于孩子重复执行正确行为有很好的引导作用。

　　家长还可以根据孩子的情况做个性化的深入设计，并邀请孩子参与设计与制作，让孩子感觉清单是自己的专属设计，这会增强孩子的认同感，让孩子更愿意参与清单的执行。

晨起清单

上厕所

喝水

刷牙

叠被子

穿衣服

叠睡衣

梳头

吃早餐

出门

图 2-1　执行前的"早起鸟"晨起清单

晨起清单

穿衣服

叠睡衣

梳头

吃早餐

出门

图 2-2 执行中的"早起鸟"晨起清单

晨起清单

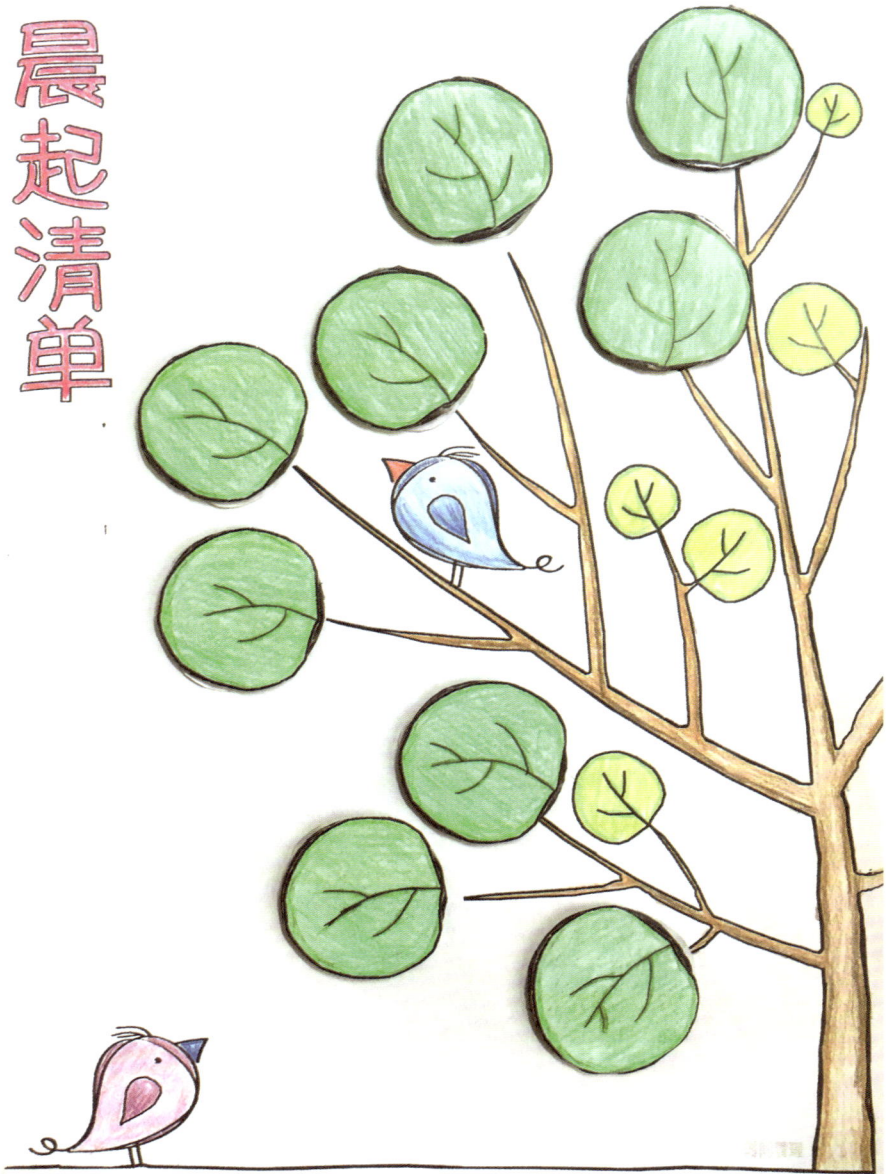

图 2-3　执行后的"早起鸟"晨起清单

✔ 不同年龄的孩子，游戏化清单如何选择？

本书介绍了很多种不同的清单，按类型可分为生活类清单、学习类清单、规则类清单。生活类清单包括晨起清单、睡前清单等，涉及各种日常行为；学习类清单主要是围绕家庭作业和专业学习等；规则类清单主要围绕玩游戏、使用电子设备等规则的制定。

不同年龄段的孩子适用的清单是不一样的，因为在不同年龄段，孩子需要训练的习惯各有侧重（表格中虚线圈起来的为训练重点），为孩子选择清单的时候要以孩子的年龄为依据。

1 ~ 3 岁的幼儿

这个年龄段是孩子养成基础生活习惯的关键阶段，家长需要训练孩子的基础生活习惯。那么，孩子需要使用的清单主要为洗手清单、刷牙清单、洗澡清单等训练单一行为习惯的清单。在单一行为习惯训练好之后，可以延伸至睡前清单等综合行为习惯的训练（表2-1）。

这个年龄段的清单主要是家长设计，孩子负责涂色，用图像化的方式呈现给孩子。

4 ~ 6 岁的学龄前孩子

这个年龄段是培养孩子生活自理能力的关键阶段，家长要重点培养孩子的综合行为习惯，并初步建立规则意识。同时孩子的单一行为习惯需要进一步强化，让孩子从被动执行转为主动执行（表2-2）。

在这个年龄段，家长可以和孩子共同进行设计和制作。使用清单的过程中，家长要引导孩子参与，并对孩子进行监督。

表 2-1　1~3 岁清单选择建议表

训 练 目 的	清 单
单一 行为习惯	吃饭清单
	洗澡清单
	刷牙清单
	洗手清单
综合 行为习惯	睡前清单
	晨起清单
	出门清单

表 2-2　4~6 岁清单选择建议表

训 练 目 的	清 单
单一 行为习惯	吃饭清单
	洗澡清单
	刷牙清单
	洗手清单
综合 行为习惯	睡前清单
	晨起清单
	出门清单
规则制定	手机（iPad）使用规则
	看电视规则
	玩玩具规则

7 ~ 9 岁的小学生

这个年龄段是培养孩子自主学习习惯的关键期，作业清单是孩子练习和执行的重点、难点。家长应该给予足够的配合以及陪伴，帮助孩子记录在执行过程中出现的问题，及时帮孩子进行反思和总结，并进一步调整清单内容，让孩子更好地重复执行作业清单。

此外，孩子的综合行为习惯需要进一步强化，特别是睡前清单和晨起清单，使得良好的生活习惯内化为孩子的生物钟。而孩子单一行为习惯的培养则侧重于孩子的整理能力以及家务方面。如果孩子在之前没有进行过专门的单一行为习惯培养，则还应适当执行训练单一能力习惯的清单。

孩子的综合行为习惯和单一行为习惯都训练好之后，家长就需要训练孩子制订计划的能力了。家长要帮助孩子建立制订中长期计划的思维，进行整体化的计划训练，如做周末计划、月计划以及短途出游的收拾整理计划等，这都是孩子需要在这个年龄段训练的计划能力（表2-3）。

10 ~ 12 岁的小学生

这个年龄段同样是培养孩子自主学习习惯的关键期。孩子需要进一步强化综合能力训练。让日常必须做的事情规律化、日常化，在此基础上就开始制订更长远的目标计划，比如年度计划、项目计划以及活动计划等（表2-4）。

根据年龄段选择的清单是最适合孩子的，如为一个5岁的孩子选择时,就可以在适合4~6岁阶段的清单当中选择,即家长可以选择晨起清单、睡前清单作为初始清单。

表2-3 7~9岁清单选择建议表

训 练 目 的	清 单
综合 行为习惯	睡前清单
	晨起清单
	写作业清单
单一 行为习惯	吃饭/刷牙/洗手/洗澡清单
	书包整理清单
	洗碗清单
	整理房间清单
计划制订	周计划、月计划
	假期计划
	出游行李箱收拾整理清单

表2-4 10~12岁清单选择建议表

训 练 目 的	清 单
综合 行为习惯	睡前清单
	晨起清单
	写作业清单
计划制订	年度计划
	项目计划
	活动计划

　　假如一个孩子已经上小学了，但从来没有进行过系统的时间管理训练，那么家长为孩子选择初始清单时，不仅要从适合其年龄段的清单中选择一个最重要的清单，如作业清单，还需要选择使用一日时间图，因为这是让孩子认知时间最重要的工具。

　　刚开始的时候，最好从一个清单开始。一个清单执行超过2周之后，再考虑增加第二个清单。同样地，第二个清单执行超过2周之后，再增加第三个清单。要注意，同时执行的清单最好不要超过3个，特别是在刚开始的时候。如果有些清单已经执行得非常顺畅，或者孩子已将清单中强调的行为内化为习惯，家长就可以将相应的清单撤掉。

02 保证清单的顺利执行

本节主要解决 3 个问题。

❶制订清单前的 5W 是什么？

❷孩子执行清单时，家长需要注意哪些细节？

❸执行清单的关键点是什么？

很多家长都给孩子制订过各种各样的计划，但在执行的过程中，慢慢地就执行不下去了，问题究竟在哪里？是清单制订得不合理，还是因为家长没有做好提醒工作？又或者是孩子没有动力执行？下面，我们就来一起探讨如何保证孩子顺利执行清单。

✔ 制订清单前的 5W

为了保证清单顺利执行，在制订清单之前，家长首先要设定目标。设定目标时需要用5W法向自己提问，即Why（为什么做）、What（目标是什么）、Where（在哪儿执行）、Who（谁是执行监督人）、When（什么时候开始）。

家长需要先把这几个问题写下来。在5W当中，最重要的分别是What（目标是什么）和Who（谁是执行监督人）。

What（目标是什么）

希望孩子做到和孩子能够做到是两回事，并不是家长认为孩子能做到，孩子就一定能做到。所以，在设定目标前，家长需要将可能出现的结果分等级，并以此为基础设定不同等级的目标。

做到100分：家长让孩子做到100分，孩子就做到了100分，这时家长当然开心，因为孩子完成了家长要求的目标。

做到70分：如果孩子只做到70分，家长还会开心吗？此时，家长可能想，怎么才做到70分呢？于是，家长就很焦虑，每时每刻都会提醒孩子认真执行，以达到自己期望的100分。这种情况下，家长可能失去耐心，也可能抹杀孩子进步的机会。

做到40分：如果孩子只做到40分，通常这个时候，家长就要发火了。其实，家长应该想想，孩子已经进步了40分，你根本没看到孩子的进步，而是把关注点全放在那没有完成的60分上。如果家长总是盯着孩子的不足，总是想让孩子符合自己的期望，这背后其实是家长的控制欲在作怪。

> 如果家长设定了目标，而孩子每次都只能做到40分的话，很显然家长就需要对目标进行调整了。家长要设定的不是完美的目标，而是孩子跳一跳就能够得着的目标，这样孩子在每天执行的过程中才会有信心，才有进步的动力。

Who（谁是执行监督人）

让孩子在清单列好后自觉执行的难度非常大，孩子没有这么高的觉悟和自觉性，所以，一定要指定一个执行监督人。

谁是执行监督人是需要特别注意的一点。如果一开始设定妈妈为执行监督人，妈妈却因为工作需要只有周末在家，那很明显这种设定是不合适的。遇到这种情况，妈妈可以让经常在家的其他人做执行监督人。选择其他人做执行监督人时，要注意一定要先让想指定的人接受这套方法，有些爸爸妈妈自己列好清单后想让家里的老人帮忙监督，这就有可能出问题，因为规则是爸爸妈妈制定的，家里的老人不一定愿意配合。

另外还要注意的是，不要随意更换执行监督人。假如周一到周五都是老人负责监督的，那即使爸爸妈妈周末在家也一样要让老人监督，不要随意更换监督人，否则孩子可能钻空子，导致执行不到位。

✔ 执行清单的注意事项

我们先要了解清单的本质是什么。清单就是具体任务的执行规则，是家长和孩子关于具体任务的契约。既然是契约，就要遵守一个原则，即承诺的就一定要做到。也就是说，规则制定好之后，需要持续地执行到位。想要保证孩子持续地执行到位，就需要满足以下3个重要条件。

（1）制作清单前，要和孩子就清单内容达成共识。达成共识后，清单就变成了契约。所以，清单内容需要家长和孩子一致认可，特别是需要得到孩子的认可。孩子只有对清单有足够的认同感，才会有足够强的行动力。如果清单是在孩子不情愿的情况下制订的，那在执行过程中，孩子就会不断想办法否定这个契约。

（2）**执行过程要符合程序且公正**。在执行过程中，不要轻易增加内容，否则孩子就没办法按照要求执行下去。如果家长对待清单很随意，孩子也会用同样的态度对待清单。例如：家长和孩子约定好，20：00前写完作业孩子就可以自由玩耍30分钟，可是执行过程中家长看到孩子写完作业后还有时间，就私自增加了一些课外作业，这就单方面违反了约定，这是不允许的。如果家长这样做，有可能第二天孩子也学会了违反约定，孩子写作业又变得拖拖拉拉了，因为孩子知道，即使提前把作业做完，爸爸妈妈也会再给自己布置其他作业，那还不如一边做一边玩。

（3）**家长要针对可能出现的反复做好充分的心理准备**。习惯并不是一两天就能养成的，在习惯培养的全过程中，会出现各种反复。遇到孩子进步时，家长要及时给予表扬和鼓励等正面反馈；遇到孩子犯错时，家长要诚恳地指出问题，提出合适的改进方案，帮助孩子在刻意练习的过程中不骄不躁、稳步提升，最终达成目标。

✔ 执行清单的关键点——少就是多、慢就是快

培养习惯最忌讳的是操之过急。很多时候，即使是好东西，一下子都给孩子，孩子也无法消化，进而产生抗拒情绪，结果适得其反。因此，在最开始的时候，要牢记"少就是多、慢就是快"，建议按照

以下流程进行。

（1）先利用"有剧本的对话清单"（详见第七章）打开孩子的心扉，再和孩子一起选择合适的清单。

（2）执行清单的时候，通过游戏化的方式激发孩子的内驱力，让孩子能够持续执行。

（3）当孩子忘记执行的时候，给予适当提示，让孩子更好地执行下去。

孩子做不到的时候，怎么办？

首先，让孩子明确地知道自然结果。

在执行过程中，孩子出现忘记或者拖拉的情况，家长应该与孩子沟通，讨论出孩子可以接受的提醒方式，而且要跟孩子确认，家长需要提示多少次，这很重要，因为家长不能永无止境地提示下去，否则又变成了唠叨。家长还要让孩子明确知道提醒之后还不执行的自然结果，这个自然结果往往也是家长和孩子充分沟通之后达成共识的。

例如：经过沟通，家长和孩子一致同意，如果孩子忘记做一件事或者在做某件事时拖拉磨蹭，那家长只需简单直接地提醒不完成的自然结果，并且最多提醒3次。3次之后，孩子如果还没行动，那就要接受自然结果。如果某天孩子在吃饭时间磨蹭着不吃饭，家长就可以提醒："你还不来吃饭的话，我们吃完饭就会把饭菜收走，你就只能等到下一顿饭才能吃。""等到下一顿饭才能吃"就是不按时吃饭的自然结果。家长提醒3次之后，孩子仍然不来吃饭，家长就要采取行动，把饭菜收走。

自然结果出现的时候，孩子难免哭闹，家长不必太焦虑，因为这种结果是之前就约定好的，孩子内心其实是有一定预期的，所以对孩子的伤害并不大。

其次，设定截止时间。

有些事情，如孩子看电视、玩游戏，需要事先与孩子沟通，设定好截止时间。快到截止时间的时候，家长要提前给孩子提醒，过一会儿再提醒一次，这样可以让孩子内心有所准备，截止时间到了之后，孩子的心理落差就不会太大，也就比较容易接受。

例如：孩子玩手机时，家长和孩子一致同意玩15分钟，家长可以用计时器计时，距离截止时间还有10分钟时，家长可以提醒孩子："还有10分钟就要结束了。"接下来，可以在还剩5分钟时再提示一次。

这样重复提示之后，哪怕到时间了，孩子有些舍不得，也能停止玩手机，毕竟家长已经提醒了两三次。孩子对时间的流逝不敏感，如果家长不事先提醒，时间一到就马上没收手机，孩子肯定心里不舒服，自然就会哭闹、不配合。

再次，配合奖励积分表（详见第七章）一起使用。

这样更能激发孩子的执行力。但要注意，不要将奖励当做威胁孩子的条件。有很多家长启用积分表之后，常常威胁孩子说："你再不去做，就扣积分了。"这样说，孩子心里肯定不舒服，威胁会让事情变得更糟。

最后，就是执行了。既然奖励和自然结果都讲清楚了，执行的时候按照程序进行就可以了，做到公正、公平，按约定的规则办事，孩子就会信服。

※※※※※※※※※※※※※※※※※

03 制作游戏化清单

本节主要解决 2 个问题。
❶ 制作游戏化清单的具体步骤有哪些？
❷ 不同类型的游戏化清单分别如何制作？

✔ 制作游戏化清单前的准备

第一步，列出所有任务

每个清单都是由一系列任务构成的，制作清单的第一步就是列出所有需要完成的具体任务。最好的方法就是拿出一张白纸，家长跟孩子一起进行头脑风暴，无论双方的提议是否合理或可行，都不要互相点评，而是将所有的提议都记录在纸上，最后由孩子进行选择。不点评、全部记录、由孩子来做选择，这些都是尊重孩子的体现。孩子在感觉自己受到尊重的状态下会更愿意动脑思考，并且更愿意执行清单。

当然，孩子给出的建议未必是合理的，甚至有可能是行不通的，这时家长应该怎么做呢？

例如，与孩子一起制作晨起清单的时候，孩子一定要把早上穿衣服的时间定为5分钟，当时刚好是冬天，孩子刚学会系扣子，要穿的衣服也比较多，很明显5分钟是不够的，但家长又希望能够尊重孩子的决定。这时，家长就可以建议孩子在列好所有的任务之后，先提前实践一遍，如果孩子能按时完成当然很好，如果不能按时完成，那么哪一个步骤出现问题，就可以帮孩子及时调整。这样一来，在实际操作中，孩子就不容易因为无法完成任务而产生挫败感，进而影响自信心。

第二步，任务排序

给任务排序这一步看似简单，其实还是极富挑战的。

曾经，有一个来找我咨询的家长跟我说，她和孩子制订的晨起清单总是执行不下去，每天起床之后，一到刷牙这个环节，孩子总是想方设法拖延，总会在这一步耗费很长时间。后来，在我的指导下，家长和孩子进行了深入沟通。家长问孩子："你的晨起清单执行得很不错，但就是刷牙这个环节占用了很多时间，导致上学都快迟到了，咱们一起想想有什么方法能快一些，避免以后再迟到。"

孩子开始时说不知道，然后家长就可以提出各种建议，问她："跟妈妈一起刷牙好不好？或者妈妈帮忙挤好牙膏好不好？"家长提供了好几个建议方案，可是孩子都不接受。最后，孩子提了一点建议，她说："我可以先吃早餐再刷牙吗？"

听了孩子的话，那位家长才明白：哦，原来是这个原因，可能是由于睡了一晚，孩子起床的时候已经很饿了，此时早餐的诱惑明显比刷牙大很多。

其实，当孩子说出自己的需求时，问题就很好解决了。经过沟通，那位家长答应了孩子先吃早餐再刷牙的要求，跟孩子说："那我们明天早上就尝试一下，先吃东西再刷牙，好不好呢？"孩子觉得自己受到尊重，意见被采纳，就很开心地接受了家长的建议。

从那以后，这个孩子都是先吃了早餐再刷牙，在刷牙的问题上再没有出现任何抵触情绪，她的晨起清单就执行得很顺畅。后来，这个孩子慢慢长大，也能做到先刷牙后吃早餐了。

总之，当孩子执行不下去的时候，家长一定要细心关注是哪个节点出现了问题，并且要和孩子沟通好，想办法解决问题，这样就能很好地保证清单的顺利执行了。

第三步，细化任务要求

这一步是要对每项任务的标准逐一细化，看看是否需要定时、是否需要定量。有些清单是为了让孩子提升效率的，那就可以定时，这样孩子会更容易实现目标。当然，这个时间长度应该合理，而不是节奏紧凑得密不透风，如果时间太紧张，孩子在第一次执行之后就会想放弃。建议最好在确定之前让孩子先实践一遍，这样更能保证效果。

说到定量，那就更需要有具体标准了。例如，执行睡前清单的阅读这一任务时，有可能孩子希望看3本绘本，可是妈妈只想给孩子读1本绘本，遇到爸爸执行的时候，又可能是别的标准了。当标准不一致的时候，孩子执行时就会有偏差。

✔ 正式开始制作清单

首先我们需要准备以下工具：清单模板、A4软磁铁、A4透明文件袋、蓝丁胶、双面胶、透明胶、剪刀。

根据制作的难易程度，游戏化清单可分为简易类和手工类两种。

简易类清单

简易类清单无特殊场景设计、互动性较弱，但制作简单、灵活好用，是深受孩子喜欢的清单。这种类型的清单中最具代表性的就是"火车式"晨起清单（图2-4）。

图 2-4 "火车式"晨起清单

制作此类清单时，只需要下载模板，让孩子涂色后，就可以直接使用了，是最简单的一种方案。

如果想把清单做得活泼可爱、互动性强一些，还有一种方案。家长多打印一张模板，把对应的方块（火车车厢）剪下来，背面贴上软磁铁，制成可移动任务构件。孩子完成任务后可以把可移动任务构件移动到指定的位置，代表此项任务已完成。这个方案的优点在于可以通过让孩子动手确认孩子得到即时反馈。

> 如果想强化孩子的参与感，也可以拍摄孩子完成具体任务时的照片来代替图画，如制作晨起清单时，拍摄孩子喝水、刷牙等照片。这样，孩子就可以看着自己的每一个具体行为的照片来执行清单，对低幼阶段的孩子而言这样更有指导性。

手工类清单

手工类清单则采用情景化的场景设计，更贴近生活场景，通过游戏化的互动方式，让孩子执行完清单之后能及时给予自己反馈。

在手工类清单中，最具代表性的就是"早起鸟"晨起清单（图2-1~图2-3）。制作步骤如下（邀请孩子一起参与）：第一步，给树干底图涂色；第二步，给树叶正反面涂色；第三步，制作两面有磁性的树叶；第四步，填写任务；第五步，把树干底图和1张A4软磁铁一起放入透明文件袋内，两面有磁性的树叶吸在透明文件袋上。

其中，第三步是制作难点，软磁铁只是单面有磁性，而现在要制作的树叶是需要双面都有磁性的。我们需要把两张软磁铁的胶面对贴，让黑色光滑的那面朝外，这才能让树叶的两面都有磁性。在制作过程中，还有一个需要特别注意的细节，软磁铁也分南极和北极，同极相斥，异极相吸，所以，在粘贴软磁铁的过程中需要旋转软磁铁片构件，找到磁力最大的方向，以保证软磁铁的吸力最强。

　　手工类清单中，还有一类相对简单的，如图2-5、图2-6中的睡前清单，只需下载模板并涂色，再制作可移动任务构件，就能完成。

图 2-5　执行前的睡前清单

图 2-6　执行后的睡前清单

制作游戏化清单有两大要点需要注意。

（1）要邀请孩子参与。制作清单，最最重要的就是邀请孩子参与，这样才能激发孩子的参与感和认同感，从而保证孩子在日后执行清单的过程中有主动的行动力。孩子的参与度越高，执行清单的意愿就越强。家长可以和孩子一起头脑风暴，设计适合孩子的情景化、游戏化清单。

（2）清单应该是可以长期反复使用的。一个习惯需要练习一段时间才能成功内化，所以清单能否反复使用就尤为重要。在清单制作过程用软磁铁，除了可以增加趣味性之外，还保证了清单可以反复使用。

⏱ 清单贴哪里效果最好?

通常,清单应该贴在离执行场景最近的地方,也就是"孩子在哪里执行,清单就贴在哪里展现",这样,孩子在执行具体任务的时候就能看到清单。

例如:晨起清单应该贴在孩子房间门口或者床边,这样孩子起床时就能看到清单,就知道下一步该做什么了。假如把晨起清单贴在客厅,孩子执行起来就不顺畅。吃饭清单则应该贴在餐桌附近,如果把它贴在卧室或卫生间里,清单场景和放置位置就是不相符的。

具体建议如表 2-5 所示。

表 2-5 清单粘贴位置建议表

种 类	粘 贴 位 置
睡前清单	卧室门口、衣柜上、床边
晨起清单	卧室门口、衣柜上、床边
写作业清单	书桌旁
吃饭清单	餐厅
洗澡清单、刷牙清单	卫生间
出门清单	门口
洗碗清单	厨房门口、洗碗池旁

虽然每个家庭房屋的户型都不一样,但大致功能是相同的。家长可以根据孩子的情况,选择一个最方便的位置粘贴清单。

※※※※※※※※※※※※※※※

第三章

早睡早起，
培养规律的作息习惯

01 轻松搞定赖床问题

本节主要解决 3 个问题。

❶ 孩子早上起床时磨蹭的深层原因是什么?

❷ 如何让孩子轻松起床,并且起床后没有起床气?

❸ 如何巧用好玩的工具让孩子起床后做事不拖拉?

孩子早上拖拉磨蹭常常是困扰家长的一个难题,通常分两种不同的情况。第一种情况是不起床。有的孩子喜欢赖床,家长叫了很多次,孩子依然无动于衷。这类孩子起床后往往还有"起床气"。家长每天早上叫孩子起床,都是火山爆发模式。第二种情况则是起床后做事拖拖拉拉。这类孩子虽然起床了,但总是磨蹭,上学快要迟到了还是慢悠悠的。

针对这两种不同的情况,我们分别给出不同的解决方案,帮助家长早上轻松叫醒孩子。

✔ 消灭孩子的"起床气"

很多家长都反映孩子起床后特别容易发脾气,那家长们有没有仔细思考过孩子不肯起床的深层原因是什么呢?

首先，大多数情况下，孩子不愿早起的原因和很多成人是一样的，只有两个字——晚睡。睡眠不足，精力就不足，就像没充满电一样，起床就只能靠意志力，可意志力本来就是孩子欠缺的。

这就涉及精力管理的问题。充沛的精力就像蓄足电的电池一样，可以支撑孩子全身心投入地去做每一件事，让孩子做事更有效率。所以，时间管理的基础其实是精力管理。

精力大体可分为体能方面的精力和精神方面的精力。体能精力是一切的基础，影响体能精力的因素主要有睡觉、饮食和运动。对孩子而言，在这3个因素中，睡眠应该是排在首位的，孩子的睡眠时长是孩子生长发育过程中很重要的参考指标，睡眠充足的孩子身体各方面的功能才是最好的，请对照儿童标准睡眠时间图（图3-1）看看自己

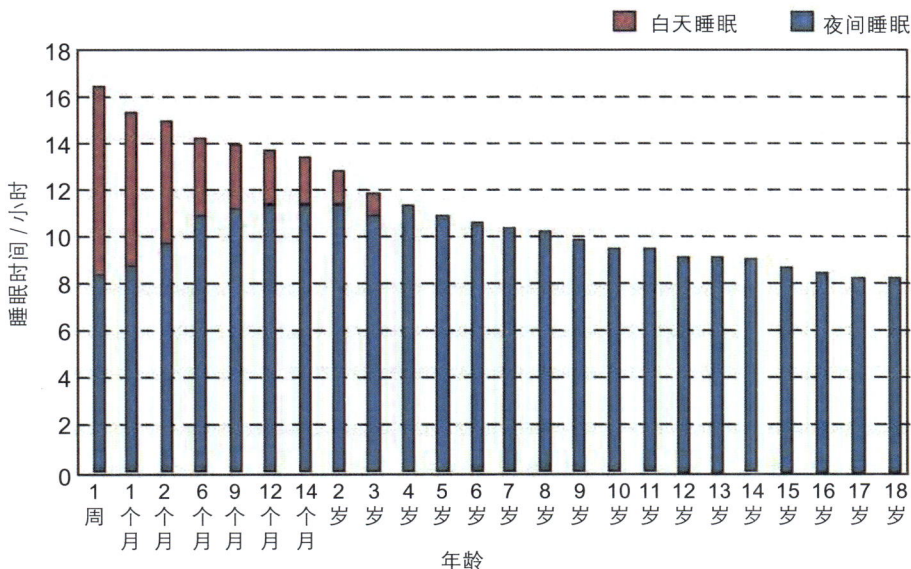

图3-1　儿童标准睡眠时间图

的孩子睡眠是否充足。

有研究报告显示，中国约80%的孩子每天睡眠不足。自己的孩子是不是属于这80%的行列？了解儿童标准睡眠时间后，相信大部分家长都已经有答案了。

孩子的入睡时间是家长最需要关注的。因为睡眠对生长素的分泌影响很大。生长素分泌有两个高峰，分别为21:00～次日1:00和5:00～7:00，但前提是此时孩子必须处于深度睡眠状态。所以，在这两个时段内，孩子最好尽早进入深度睡眠阶段，尤其是0～8岁的孩子。

孩子从入睡到进入深度睡眠大约需要1小时，假如你的孩子22:00才开始睡觉，那每天晚上他体内大量分泌生长素的时间只有2小时，也就是23:00～次日1:00，比21:00入睡的孩子少了1小时。如果恰好孩子又需要早起，6:00就起床了，那他体内分泌生长素的时间又少了1小时。也就是说，他每天少了2小时的生长素大量分泌的时间。一年下来，即使除去寒暑假、双休日，他也可能比其他孩子少342小时生长素大量分泌的时间，这个差距还是相当大的。

很多家长对睡眠问题的重视程度不够，觉得影响也不会太大。可事实上，睡眠不足、生长素分泌不足，会导致孩子记忆力不好、注意力不集中，也会使孩子的情绪变得糟糕。

只要留心观察一下，很容易就会发现，睡眠充足的情况下，孩子起床时心情就很舒畅，睡眠不足的时候则特别容易乱发脾气。

如果孩子总是有"起床气"，家长就应留意孩子的睡眠时间，看看孩子是不是总在22：00以后才入睡。一般来说，孩子晚上不睡，一定不是孩子的问题，而是家长的重视程度不够。

每个家长都可能有各种不同的理由来解释自己为什么没法让孩子早睡。其实，这关键是看家长更在意什么。例如：有的家长认为写作业比睡眠更重要，就会让孩子写作业写到23：00。这说明家长对孩子睡眠时间的重视程度不够，家长一定要扭转自己的态度，督促孩子尽早上床睡觉。那么，有没有办法提升孩子写作业的效率呢？当然有。后面的章节会详细讲解。

抛开睡眠不足的问题不说，叫醒孩子本身就是个技术活。如何让孩子一叫就能起床呢？首先，我们要知道，从入睡到深度睡眠要经历3个阶段：入睡→浅睡眠→深度睡眠[1]。

同样，醒来也要经历3个阶段：深度睡眠→浅睡眠→清醒。如果恰好在孩子处于浅睡眠阶段时将其叫醒，孩子就会非常愉快地起床；如果在孩子处于深度睡眠阶段时将其叫醒，那孩子就会赖床，起床后还会乱发脾气。在实际生活中，很多家长都是在孩子处于深度睡眠时强行把孩子叫醒的，这就导致大人和孩子都很痛苦。

所以，将孩子从深度睡眠状态中叫醒，一定要给孩子时间，让他慢慢清醒。

第一步，早上叫孩子起床之前，先打开窗帘，让阳光照进房间，

1　睡眠可分为入睡期、浅睡期、熟睡期、深睡期和快速眼动期5个阶段，后3个阶段在本书中统称为深度睡眠。

光线可以非常有效地唤醒大脑。人类从远古时期开始就一直随着太阳的规律调节作息，也就是我们常说的日出而作、日落而息。

第二步，用声音刺激孩子，推荐用孩子喜欢的故事或者动画片的声音刺激孩子的听觉（不喜欢动画片的家长可以选择音频故事）。如果想让孩子7：00起床，那么故事就必须在6：30开始播放，用这30分钟让孩子从深度睡眠顺利过渡到浅睡眠，再到清醒。这种需要用心聆听才能听到故事细节的语音可以有效刺激孩子脑细胞的活动，从而带动孩子起床。在这30分钟里，家长就可以不必以各种催促、吼叫的方式叫醒孩子。

第三步，起床后，让孩子继续边听故事边刷牙、洗脸、穿衣服，孩子会非常享受这一过程。如果播放的是动画片，那么建议家长在孩子起床后让孩子多看5分钟动画片，以稳定孩子的情绪，让孩子随后能有序地把接下来的任务快速完成。

孩子一定会爱上这种唤醒方式，起床时也一定有足够的动力。

> 这里需要注意一个细节：挑选音频故事或者动画片时需要考虑孩子的喜好，要选择孩子感兴趣的。每个孩子喜欢的内容、喜欢的声音都是不一样的，孩子不喜欢的故事或者动画片是叫不醒孩子的。

✔ 让孩子起床后快速行动

孩子起床速度加快，是不是意味着他能快速刷牙、洗脸、吃饭，早点去上学呢？有一部分孩子能够做到，但大部分孩子起床后还是需要妈妈不停地催促才能磨磨蹭蹭地完成出发前的任务。那么，有没有什么方法能让孩子起床之后快速地把任务完成呢？有，就是给孩子使用游戏化清单。

如第24页中的"早起鸟"晨起清单，它采用了游戏化的情景模式，能让孩子立刻得到反馈，孩子会由此产生一种巨大的成就感，这种成就感会推动他继续下一步的行动，从而让孩子的行动力得到快速提升，使他轻松地把必须完成的任务做完。

以上就是让孩子轻松早起的3个重要方法，总结如下。

（1）保证足够的睡眠才是保证孩子轻松起床的基础。

（2）用音频唤醒的方式让孩子从深度睡眠中慢慢清醒。

（3）用有趣好玩的游戏化清单让孩子快速完成起床后的任务。

这3个方法都能熟练运用之后，孩子起床的速度就会加倍提升，家长与孩子就不会因"起床问题"而不停战斗了。

02 轻松解决晚睡问题

本节主要解决 3 个问题。
1 如何让孩子快速完成睡前任务？
2 如何制作更有效的睡前任务清单？
3 如何让习惯晚睡的孩子早睡？

✔ 让孩子快速完成睡前任务

想让孩子准时上床睡觉，就要让孩子加快执行睡前任务的速度，这样才不会耽误入睡。家长可以给孩子使用睡前清单，帮助孩子提高效率。

如第44页介绍的睡前清单。这份清单被设计成有8个吊灯的情景模式，每个吊灯对应1项任务，每完成1项任务，孩子就可以关掉1盏灯——把黑色移动构件贴在相应的灯上。关完8盏灯，孩子就可以上床睡觉了。这种游戏化的方式会让孩子觉得很有趣。

✔ 让习惯晚睡的孩子早睡

如果孩子已经养成了晚睡的习惯，大多是22:30，甚至23:00才上床睡觉，家长也千万不要采用简单粗暴的方式逼迫孩子21:00就上床睡觉。有很多家长反映，在这种情况下，即使孩子迫于压力上床了，也可能在床上折腾1～2小时，直到精疲力竭才能入睡。

难道就没有办法让孩子提前上床睡觉了吗？家长要知道，孩子晚睡的习惯并不是一天养成的，当然也不能指望一天就改正过来。不过，只要家长用正确的方法，还是可以在短期内把孩子的入睡时间调整到合理范围内的。

家长可以使用游戏化打卡工具帮助孩子改正晚睡的习惯，如"成长树"（图3-2，图3-3）这一游戏化打卡工具。假如孩子现在习惯22∶30上床，家长不要苛求孩子一下将上床时间提前很多，这样很容易激发孩子的抵触情绪。家长只需要和孩子商量能否每天提前5分钟上床睡觉。因为只需要提前5分钟，孩子会觉得难度不太大，就比较容易跟家长达成共识，愿意执行家长的方案。

接下来，家长就可以拿出"成长树"，让孩子进行游戏化打卡，只要每天晚上比前一天提早5分钟上床，就能获得一次在成长树上按指模的机会，一次可以按1个指模。第一天晚上，只要做到提前5分钟，也就是22∶25上床，孩子就可以在"成长树"上按1个指模；第二天晚上，只要比第一天晚上再提前5分钟，也就是22∶20上床，就可以再按1个指模；第三天晚上22∶15上床，则可以按第3个指模，以此类推。如果某一天孩子没有做到比前一天提前，则不能按指模；如果某天孩子表现得积极主动，则可以按3个指模。等孩子在"成长树"的每一根树枝上都按了指模之后，这张图就变成了一张非常漂亮的指模画。

成长树

图 3-2　完成前的成长树

成长树

图 3-3 完成后的成长树

就这样，经过20天左右，孩子在每天玩指模画的过程中就不知不觉地养成了早睡的习惯，孩子的上床时间就轻松地提前到21:00。用这种有趣的方式帮助自己养成好习惯，相信每个孩子都会喜欢的。

除了"成长树"这一打卡工具，家长还可以设计其他打卡工具供孩子选择。孩子可以选择自己喜欢的工具，进行游戏化打卡。

✔ 入睡前注意事项

想让孩子养成按时入睡的好习惯，还要注意做到以下几点，使孩子更容易实现目标。

（1）尽量早一些吃晚饭。晚饭时间建议安排在19:00之前，晚饭后尽量不再进食，睡前不要大量喝水。

（2）适度运动以助睡眠。适度运动可以帮助孩子消耗多余精力，但运动的时间一定不能太晚，孩子的晚间运动应尽量在20:00前结束。太晚运动反而会让孩子进入亢奋状态，更容易出现入睡困难的情况。在实施打卡计划的最初几天，可以尽量安排适量运动，多消耗一点精力，入睡就会早一些。

（3）尽量少安排外出聚会，否则会打乱孩子的生活作息。

（4）家人需要创造安静的睡眠环境。如果家中有人需要夜间工作，也要待孩子入睡之后再开始，并需要与孩子沟通，否则，孩子会觉得"凭什么我必须睡觉，大人却可以玩、看电视……"。

（5）尽量不在睡前批评、责备孩子。哭着入睡很容易影响睡眠质量。

第四章

高效完成作业，
有效提高学习效率

01 让孩子写作业不再拖拉

本节主要解决 3 个问题。

❶ 如何让孩子写作业的态度发生 180° 大转变？

❷ 如何让孩子对写作业需要耗费的时长心里有数？

❸ 如何避免孩子写作业过程中拖拉磨蹭？

如果想让孩子早上毫不费力地主动起床，就必须让孩子早睡，早睡才能早起，这是人的生理规律。如果孩子晚上很晚睡觉，就不要责怪他赖床。成人睡不够都会赖床，凭什么不允许孩子赖床呢？

而要想让孩子早睡，就要让他快速完成睡前任务。对学生而言，睡觉之前最重要的任务就是写作业，如果没办法在规定时间内完成作业，就会影响入睡时间，导致第二天无法早起，由此进入恶性循环（图4-1）。

其实，要想让孩子写作业的态度发生180° 大转变，不再拖拉磨蹭，而是积极高效地

图 4-1 写作业慢导致恶性循环示意图

完成作业，也很简单，家长只需要两个小工具——便笺纸时间安排图（图1-3）和作业清单。

✔ "心甘情愿" 写作业

孩子一般都是只看眼前利益，在写作业过程中，很容易出现稍微挤出一些时间就玩一会儿的情况，如此一来，孩子其实既没将作业完成好，也没玩好。如果家长一味跟孩子讲道理，孩子也很难理解，即使理解也很难控制自己，此时该怎么办呢？

其实，只有让孩子心甘情愿，孩子才会产生行动力，且这种行动力在执行的过程中才会更持久。可以利用图像刺激孩子的大脑，让他做出更理智的选择。只要合理使用便笺纸时间安排图中的7张便笺纸，就能让孩子写作业拖拉的态度发生彻底的转变。

便笺纸时间安排图中包括了3种不同性质的任务——家长的最基本要求、在固定时间完成的任务（吃饭、睡前准备）以及孩子自主安排完成时间的任务（写作业、其他活动）。写作业作为孩子自由安排的任务之一，是要占用孩子自主安排的时间的。通过制作时间安排图，孩子很容易就能理解写作业和玩之间的关系是此消彼长的，即写作业耗费的时间越多，用于玩耍的时间就越少。明白了这个关系，孩子自然会心甘情愿地积极完成作业。

家长甚至可以引导孩子自己思考，如果想有更多玩耍的时间，还能从哪里挤出时间。可能孩子会回答："吃饭可以快一些，洗澡也可以快一些，这样就能有更多的时间玩了。"借此机会，家长可以帮孩子算一笔账，如果做事情拖拉，就会把原本可以用来玩的时间浪费在各种慢吞吞的行动上，即便能剩余一些时间玩，也玩得不尽兴。因为该做的事情没做完，自然就会被别人催促，就算别人不催促，孩子自己也要面对完不成作业的后果。

✔ "心里有数"写作业

通过上面介绍的方法，孩子已经能够做到心甘情愿地想让自己写作业时更有效率了。接下来，家长就要借助作业清单（图4-2），让孩子对写作业所需的时间心里有数，帮助孩子提高写作业的效率。

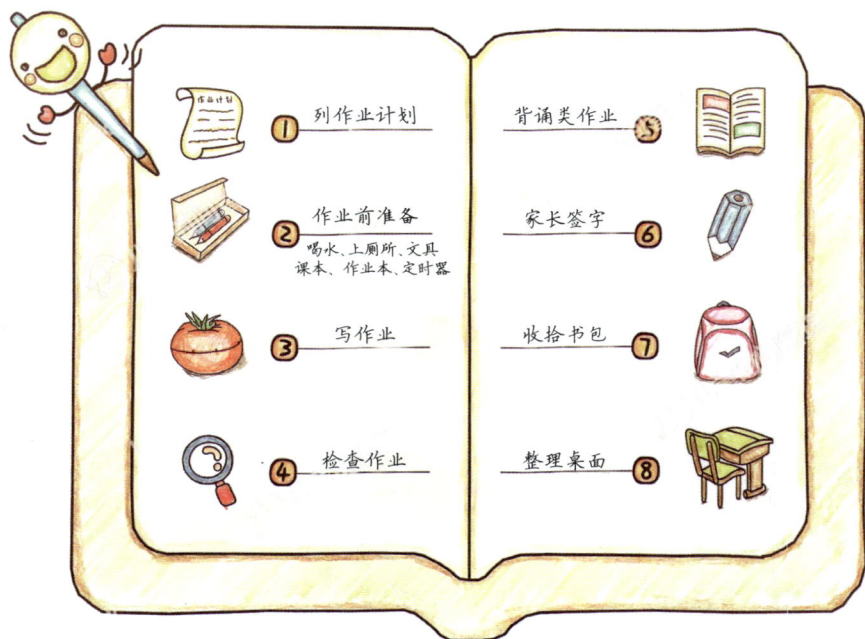

图 4-2 作业清单

当孩子对作业内容、作业数量以及完成作业所需的时间有大致预测的时候，他就知道该如何加快速度、如何争取留出更多的玩耍时间了。

作业清单一共涉及八大步骤：列作业计划、作业前准备、写作业、检查作业、背诵类作业、家长签字、收拾书包、整理桌面。当然，家长可以根据孩子的情况适当调整具体步骤。

作业清单的每一个步骤都没有列出具体的要求和细节，其实每一个步骤都可以单独列一份独立的清单细则。例如，作业清单的第一条——列作业计划，就可以列出一张独立的作业计划表（表4-1）。

表4-1　作业计划表

科　目	作 业 内 容	需 要 时 间	顺　序
备注	□预估番茄时间　　○补充番茄时间　　△半个番茄时间　　▽补充半个番茄时间 \内部打断　　　　－外部打断　　　　√完成		

作业计划表的第二列是填写每科老师布置的作业内容；第三列是孩子预估出的完成作业所需的时间；第四列是规划好的作业顺序；表格最下方的备注栏列出了记录预估时间时会用到的各种图形，以帮助孩子记录实际完成情况——□和△用于记录预估番茄时间[1]；○和▽用于记录补充番茄时间（假如在预估时间内没有完成作业，就需要增加时间）；后面 \、－、√3个图形则是对完成情况的记录，√表示完成，出现内部打断和外部打断的可以在图形里画\或－。如果做作业过程中出现被打断的情况，孩子就需要先终止番茄钟计时，处理打断事件，待事情处理完后再从头开始番茄钟计时。填写完成的作业计划表如表4-2。

表4-2　作业计划表（填写完成）

科　目	作　业　内　容	需　要　时　间	顺　序
语文	日记	☑☑	4
	听写	△	3
数学	卷子	☑☑	2
	小口算 58~60	☑△	1
英语	口语 100	△	5
备注	□预估番茄时间　　○补充番茄时间　　△半个番茄时间　　▽补充半个番茄时间 \内部打断　　　　－外部打断　　　　√完成		

1　番茄工作法把工作时间划分为多个番茄时间，一个番茄时间包含两部分：25分钟的工作时间和5分钟的休息时间。

一开始，每项作业完成之后，家长可以检查孩子的作业进度是否和预期的一样。有些孩子一开始还不会预估时间，这很正常，因为以前没有记录过完成作业所需的时间，自然就很难预估。刚开始的时候，家长可以把预估时间这一栏改为记录时间，即写完一项作业就记录完成作业所耗时间。通过1~2周的记录，孩子就可以知道完成每一项作业大约需要多长时间，慢慢地就学会预估时间了。

作业计划表综合了"给作业排序"与"预估完成作业所需时间"两项功能，而记录作业时间则用到了番茄工作法。"给作业排序"和"番茄工作法"是高效完成作业的两大主力方法，后面章节将进行详细的讲解，在此先不赘述。

有了这张作业计划表，孩子就能做到对写作业心里有数了。例如，孩子晚上回到家只需把作业计划列出来，立刻就能知道今天完成作业大概需要耗费多长时间，基本上也就能知道今天用于玩耍的时间有多长，非常直观。

另外，作业计划表还能帮助家长发现孩子写作业慢的原因。作业计划表记录了孩子写作业所耗费的时间，通过看这张表，家长就能全面了解孩子写作业的速度，而不是像之前那样，只是感觉孩子做作业很慢，至于哪个环节慢、问题在哪里，根本不知道。

清单的细节应该是家长和孩子共同讨论得出的。在制订清单的时候，家长要多和孩子进行头脑风暴，让孩子参与其中，甚至可以在最后让孩子独立制订清单，这样能逐渐培养孩子的自主性，也能让孩子做事更有计划。

02 合理分类，缩短写作业时间

本节主要解决 2 个问题。
1 作业如何分类更合理？
2 不同类型的作业分别应该利用什么时间段完成？

✔ 合理的作业分类

作业计划表的第四列是该项作业的顺序。要想列出合理的作业顺序，就要先学会给作业分类，合理的作业分类会让孩子更快更好地完成作业。也许你会觉得奇怪，老师布置作业时都已经按照学科分好类了，还需要怎么分类呢？

按学科分类是学校教给孩子的习惯，但这种分类并不能有效提升孩子的写作业效率。不管是先写语文还是先写数学，这些作业也都是需要利用晚上的时间完成的，所以，不管如何调整作业顺序，对写作业所耗费的时间的影响其实都非常有限。

这里所说的作业分类不是按学科分类，而是按照类型分类，可分为抄写类作业、思考类作业、背诵类作业。

抄写类作业

抄写汉字、词组或者英语单词都属于抄写类作业。这种作业对孩子专注力的要求不是特别高，只要动手，基本上都能完成。

思考类作业

这类作业需要高度集中注意力才能做好做对，做这类作业的时候，孩子需要集中专心致志地思考。数学作业、高年级的语文阅读、作文等都是思考类作业。

背诵类作业

这类需要背诵的作业通常集中在语文和英语两个科目上。如果在每晚的作业时间内死记硬背，即使花了时间效果往往也不理想，还可能出现背得快、忘得快的现象。

> 另外还有一类是需要用手机、电脑等完成的电子作业，这类作业不是太多，需要耗费的时间也不是特别长，而且作业内容相对轻松，所以这种类型的作业往往是孩子最喜欢的。但是，这类作业并不是每个学校都有，这里我们就不重点讲解了。

✔ 不同类型的作业适用不同的方法

之所以把作业分为3类，是因为完成这3类作业需要的专注程度不一样，所需时间及其在作业计划中所处的顺序也不一样。思考类作业可以利用晚上整块的安静时间完成，抄写类和背诵类作业则可以见缝插针，利用碎片化时间完成，这样就能有效地提高写作业的效率，让孩子更快更好地完成作业。具体安排如下。

　　抄写类作业不要求孩子高度集中注意力，孩子就可以利用空闲时间完成，如放学后等待家长的时间或晚饭前的时间。教孩子学会见缝插针地利用碎片化时间其实是非常好的提升作业完成效率的办法。当然，对于一年级的孩子，家长要在孩子抄写的时候观察孩子写字的笔顺，就没办法让孩子利用碎片时间独自完成抄写类作业。

　　思考类作业需要孩子高度集中注意力才能做好，就必须安排在孩子精力最充沛的时间段，还要用番茄钟帮助孩子集中注意力，让孩子在不被外界干扰的环境中认真思考、完成作业。

　　背诵类作业可以借助有录音功能的设备完成，如手机、录音笔。

　　背诵类作业分为两类：只需简单背诵的，以及不仅需要背诵还需要默写的。不管是哪一类，家长都可以先让孩子用录音设备把需要背诵的内容录制下来，录制时应该要求孩子读得流畅、文从句顺。一般老师要求背诵的都是新学的内容，孩子刚开始可能读得不流畅，想要录得流畅，就可能需要通过3～5遍朗读。而经过这几遍朗读，孩子对背诵的内容已经有60%～70%的印象了。

　　接下来，家长需要在孩子放学的路上、洗澡的时间或是上厕所的空当把孩子录制的音频反复播放给孩子听。当孩子听到自己录制的内容时，他的大脑就很容易被自己的声音吸引，进而把内容都记下来。如果是需要默写的内容，还需要让孩子把个别不确定的字和词抄写几遍，强化记忆，这样才能保证孩子不仅会背，还能够默写出来。

　　最后，在第二天上学之前，让孩子再读一遍，甚至是背一遍，这样孩子基本上能将需要背诵的内容记住95%以上了。

通过使用这样的方法，背诵就不需要占用专门的写作业时间，孩子写完作业也有时间去玩了。

综上所述，抄写类作业利用碎片时间完成，思考类作业借助番茄钟高效完成，背诵类作业利用录音重播的方法反复强化记忆，这样就能让孩子写作业花费的时间大大减少。

03 合理使用番茄工作法,让孩子写作业更高效

本节主要解决 3 个问题。

❶ 孩子使用番茄钟分哪 5 个阶段?

❷ 每个阶段会遇到什么问题?

❸ 家长如何配合,才能让孩子喜欢上番茄钟?

✔ 番茄工作法的好处

之前提到的作业计划表中提到了番茄时间。首先,我们来了解一下,什么是番茄工作法?它是时间管理领域非常有名的时间管理方法。番茄工作法把工作时间划分为多个番茄时间,每个番茄时间包括25分钟的工作时间和5分钟的休息时间(图4-3)。

番茄工作法不仅适用于成人,同样也适用于孩子。写作业不专注的孩子在写作业的时候往往是一会儿要喝水,一会儿要上厕所,一会儿削铅笔,一会儿又要看一眼电视,这样一来,孩子写作业就很磨蹭、很拖拉。如果家长不懂专注学习的重要性,默许孩子这样分散精力,放任孩子写作业拖拉、磨蹭,久而久之,孩子就会养成写作业慢的习惯。要想训练孩子的专注力,让孩子写作业时高度集中注意力,就要使用番茄工作法。番茄工作法是训练孩子专注力最简单、最有效

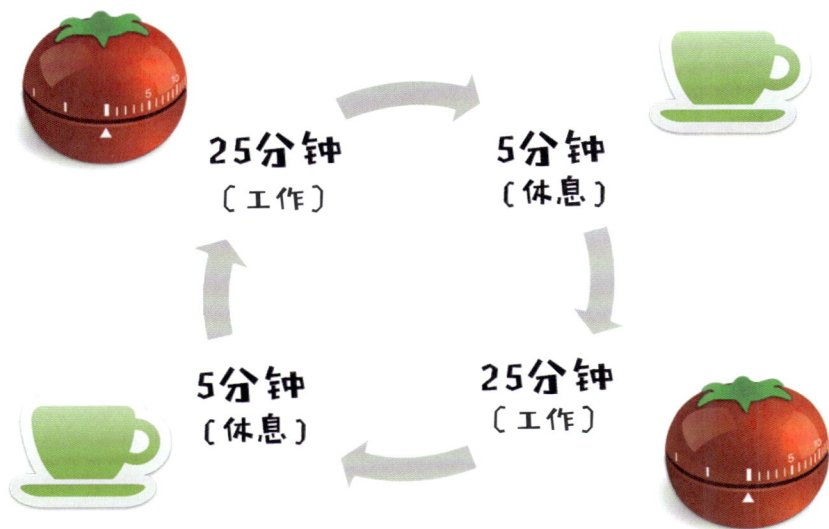

图 4-3 番茄工作法示意图

的方法，能让孩子写作业更专注。除此之外，孩子使用番茄工作法还有以下2个好处。

（1）**孩子更容易进入专注写作业的状态**。通常，一看到繁多的作业，孩子心里就会想拖延。如果将作业任务拆分，孩子知道一次投入25分钟后就可以休息，就不会产生畏难情绪，也更容易进入专注状态。而且，每隔25分钟就可以休息5分钟，孩子的心理压力就不会太大，就算25分钟内想偷懒，想想一会儿就有休息的时间，孩子一般也能坚持下来。休息的时候，家长可以想一些办法，犒劳一下孩子，如让孩子喝一杯喜欢的饮料或者吃一个喜欢的水果，这都是很好的劳逸结合的方式。

（2）**有助于孩子养成专注地写作业的习惯**。每次给番茄钟上发条的时候，滴答声会给孩子带来紧迫感，提示孩子要开始专注写作业了。如果经常使用番茄钟，孩子就会习惯于将专注与学习联系在一起，将专注地完成作业变成自然而然的行为，专注的习惯自然就慢慢养成了。

> 很多人可能不在乎5分钟的休息时间，不肯休息，想一气呵成。其实5分钟的休息也是很重要的。短暂的休息有助于精力的恢复，休息时还可以顺便回顾刚才的25分钟中哪些题目不会做、需不需要问家长、是否需要调整方法等。

✔ 孩子使用番茄工作法必经的 5 个阶段

想提高孩子写作业的效率，番茄工作法是一个很好的小帮手。不过，想要用好番茄工作法，还有很多细节需要注意。在使用番茄工作法这方面，不管是孩子，还是大部分家长，都算新手，在具体使用过程中难免遇到各种问题。例如：有的孩子嫌番茄钟太吵，家长应该怎么处理？孩子拒绝番茄钟，怎么办？初期使用番茄钟时孩子还是磨蹭怎么办？使用番茄钟写作业之后，还需不需要家长陪着写作业？诸如此类的问题，会在使用过程中不断冒出。作为家长，想帮助孩子解决这些问题，首先要了解孩子在使用番茄工作法时必经的5个阶段。

第一阶段：抗拒期

在这个阶段，最大的挑战无疑就是孩子的抗拒，孩子不愿意用番茄钟约束自己。家长要做的就是想办法让孩子接纳番茄钟。家长可以跟孩子说："先尝试一段时间，这样你可能有更多时间去玩。"这样说，孩子就会觉得家长使用番茄钟不是来监督自己的，而是站在自己的角度为自己着想的。

这个阶段，家长的目标就是针对孩子写作业拖拉、磨蹭的问题掌握第一手资料，并记录下来。家长应该想尽办法让孩子愿意配合自己尝试番茄工作法。做到这一点，家长的阶段性目标就实现了。

在抗拒期，家长需要陪伴孩子写作业。这种陪伴不是为了在旁边做监工，监督指点孩子，而是为了将孩子使用番茄钟的过程中出现的情况记录下来，以便日后分析原因。

在使用番茄工作法的第一阶段遇到问题的时候，家长不要着急当场下结论，也不要着急当场解决问题。这个阶段的陪伴是观察记录的过程，是帮助家长积累数据的过程，家长要做到平静地接纳孩子出现的种种问题，不批评、不指导，只记录。经过这一阶段的积累，孩子再出现任何状况，家长都能有理有据地与孩子讨论。

这一阶段是最煎熬的，因为家长只能看不能说，只能记录不能指手画脚。家长一定要克制自己，不要指责孩子，因为家长一指责孩子，孩子可能就不愿意用番茄钟了。只有经历过第一个阶段的磨合，家长才能准确地找到问题所在，与孩子一起解决问题。

与孩子一起讨论问题的时候，家长可以先列出一张"有剧本"的对话清单（详见第七章），把要与孩子讨论的问题、可能的抗拒点都清楚地列出来，然后找一个周末，在孩子心情好的时候跟孩子一起来想办法解决问题。其实对写作业产生干扰的事情本身并没有错，将其安排在合适的时间处理就可以了。例如，削铅笔可以安排到写作业前的准备工作中；喝水、上厕所可以在休息的时候去做；想玩乐高，可以在作业完成之后尽情地玩。

家长在第一阶段发现的问题都解决之后，就可以进入第二阶段了。

第二阶段：接纳期

现在，孩子已经开始接纳番茄工作法了，在这个阶段，家长的目标是让孩子坚持使用番茄工作法。家长可以建议孩子自己做记录——给孩子提供一张番茄工作法记录表（表4-3），让孩子自己记录可能干扰写作业的行为。家长不要给孩子太大的压力，使孩子认为打断番茄时间是不可饶恕的罪过，而是要引导孩子接纳自己、发现自己的问题，慢慢地培养孩子解决问题的能力。

若在写作业过程中出现打断的情况，孩子需要在记录表中完成情

表 4-3　番茄工作法记录表

序　号	完 成 情 况 （完成：√，打断：○）	备　注 （打断原因填写：喝水、上厕所、玩铅笔等）
1		开始 _____ 分钟打断 打断原因：_____
2		开始 _____ 分钟打断 打断原因：_____
3		开始 _____ 分钟打断 打断原因：_____

况一栏用○做标记，并在备注栏中写明被打断的时间以及打断原因。若在写作业过程中没有出现打断，孩子则在完成情况一栏用√做标记。填写完成的番茄工作法记录表如表4-4。

表4-4　番茄工作法记录表（填写完成）

序　号	完　成　情　况 （完成:"√",打断:"○"）	备　注 （打断原因填写：喝水、上厕所、玩铅笔等）
1	○	开始___5___分钟打断 打断原因：__上厕所__
2	○	开始___7___分钟打断 打断原因：__找橡皮擦__
3	√	开始_____分钟打断 打断原因：_____

在接纳期，家长要尽量陪伴孩子写作业。这时候家长要做的是以身作则，拿一本书来看或者把工作拿到孩子身边跟孩子一起执行番茄工作法，用自己的专注带动孩子。

第三阶段：平稳期

到了这个阶段，孩子已经能自觉地用番茄工作法来完成作业，孩子可以自己安排开始番茄时间之前的准备工作、记录番茄时间之内的干扰事件以及记录完成作业耗费的番茄时间。这个阶段最重要的就是对写作业所耗时间的记录，以便为下一阶段孩子对写作业所需时间进行预测做好充分准备。

在这个阶段，家长可以让孩子自由选择是否需要家长陪伴。如果孩子想独立完成作业，家长就一定要充分信任孩子。如果孩子要求家长继续陪伴，那么家长就应该继续以身作则地和孩子一起执行番茄工作法。

第四阶段：高效期

这个阶段主要训练孩子对写作业所需时间的预估能力。在写作业之前，让孩子自主预估写作业所需的时间，并填写作业计划表。在这个阶段初期，不要太在意孩子的预估是否准确，家长需要给孩子鼓励，同时不要对孩子的预估结果做出评判。其实，这时孩子对番茄工作法的运用得已经相对熟练，孩子只需要在做作业之前做好预估，然后在执行过程中验证自己的预估是否准确，并不断地调整。

第五阶段：延展期

此时，孩子对番茄工作法已经很熟悉，接下来就要把番茄工作法的运用延伸到其他需要专注的事情上，如练琴、练字等。

> 从第一阶段到第五阶段，孩子需要进行反复的练习与调整，每个阶段都可以根据孩子的进度进行调整，循序渐进，千万不要操之过急，否则可能适得其反。
>
> 家长只要按照每一个阶段的特点来帮助孩子，孩子就一定能完成从反感到熟练运用的转化。通常7~10岁的孩子从第一阶段到第四阶段大约需要半年，孩子的学习不是一蹴而就的，时间是最好的见证。

✔ 让孩子接纳番茄工作法

在孩子使用番茄工作法的5个阶段中，最重要的莫过于第一阶段，只有孩子愿意尝试用番茄工作法来写作业，才会有后续的深入过程。

通常而言，刚开始接触番茄工作法时，孩子最可能给出的反馈就是番茄钟放在旁边太吵了，反而影响注意力。若是深究一下，这种想法背后的潜台词其实是"妈妈，你又拿东西来监控我了吧"。

当感觉自己被番茄钟或者家长管控的时候，孩子就会产生焦虑的情绪，那些不习惯自律的孩子和那些特别在意结果的孩子的焦虑情绪会更严重。这个时候，父母要做的就是打消孩子的疑虑，让孩子接纳番茄钟，家长要做到以下几点。

（1）把番茄钟放远一点儿。家长要告诉孩子："我们不是住在一个静音的世界里，有声音的影响是很正常的，如果这个番茄钟的滴答声干扰到你，你不习惯，那刚开始可以把番茄钟放远一点儿，放在窗口或床上。如果放远一点儿仍会影响你，那就说明你更需要训练了。"

孩子第一次使用番茄钟的时候，家长要向孩子演示番茄钟是如何工作的——把番茄钟的刻度由0拧到55，然后再反方向由55拧回到0的位置，这时候番茄钟就会响。这样做的目的是让孩子先了解番茄钟的铃声，不至于被突然响起的铃声吓到。

（2）不额外增加要求。让孩子用番茄工作法写作业的时候，家长不要额外增加要求。家长可以告诉孩子，让他写作业时使用番茄钟，不是要对他进行管控，他可以按照原来的方式写作业，每隔25分钟就休息5分钟，番茄钟的铃声就是休息的提醒。如果孩子觉得25分钟太长，家长可以把时间适当缩短一些，尽量根据孩子的专注力水平调整。

（3）**家长要陪伴孩子**。如果孩子希望家长能在房间里陪伴自己写作业，那家长要做的事情就是拿一本书陪着孩子一起写作业。不建议家长和孩子并排坐，因为家长陪伴的目的是帮助孩子做数据记录，记录孩子在写作业的过程中出现的各种干扰行为。如果在孩子旁边记录，孩子看到了会分心，同时孩子也会认为家长不是来陪他学习的，而是来当监工的。

家长一定不要一边看手机一边陪伴孩子，这样家长就成了反面教材。看到家长在旁边玩却让自己认真做作业，孩子怎么可能安心写作业呢？另外，最重要的是，家长陪伴在孩子旁边不是为了随时解答孩子的问题的。很多时候，看到家长坐在旁边，孩子总是会向家长求助，遇到这种情况时，家长要告诉孩子，不会的题目先空着，等所有作业全部做完之后再进行解答。

（4）**家长和孩子都要遵守规则**。家长要告诉孩子使用番茄钟的规则——尽量不在25分钟的写作业时间内做其他事情，要专心写作业，其他事情如果一定要做，也可以去做，但如果能忍住，那更好。

剩下的就是家长要遵守的规则了，即一定不要中途干扰孩子。这十分考验家长的意志力，因为很多家长向我咨询的时候，跟我说："看见孩子坐姿不对、握笔不对或者看见孩子稍微有些发呆，都会忍不住提醒孩子。"家长一定要记住自己的身份只是个记录员，先记录，不要干预，不要处理，平静接纳，这才是家长这时候该做的事情。

若家长对孩子写作业过程中出现的情况不横加指责，孩子对番茄钟的排斥也会大大降低，就不会因为使用了这个工具而紧张不安。可见，引起孩子烦躁的并不是工具本身，而是被控制的感觉。

番茄时间如何设定更高效？

标准番茄时间包括 25 分钟的工作时间和 5 分钟的休息时间。其实，30 分钟这一标准番茄时长也不是绝对不变的。人们在长期研究中总结出最佳番茄时间为 20 ~ 35 分钟，最长 40 分钟。

家长可以根据孩子的情况调整番茄时间，假如将工作时间定为 25 分钟，但每次执行到 20 分钟时，孩子就已经无法集中注意力，那为什么不直接把工作时间定为 20 分钟呢？假如设定的工作时间是 20 分钟，每次到时间孩子都不愿意休息，还有很强的意愿继续写作业，那就应该考虑将工作时间设定为 25 分钟。总之，工作时间的设定应该以孩子的精力为依据。

不过，长期实践得出的经验告诉我们，30 分钟的番茄时间还是最合适的，既能有效保证孩子的专注力，又便于安排时间。建议 3 年级以上的孩子在使用番茄工作法初期，可以将番茄时间设定为 25 分钟的工作时间加 5 分钟的休息时间。

3 年级以下的孩子，设定番茄时间时则要考虑孩子的年龄。一般情况下，工作时间的长度是孩子年龄的 2 ~ 3 倍，如为一个 7 岁的孩子制订番茄工作计划，工作时间可以设定为 15 ~ 20 分钟，中途休息 5 分钟，也就是一个番茄时间为 20 ~ 25 分钟。

工作时间越短，休息的次数就越多。工作时间越长，休息的次数就越少，那么每次休息的时间就要相应延长。

让孩子使用番茄工作法的时候，应该让孩子去体验，逐步调整番茄时间，家长需要观察孩子的变化，家长需要多关注孩子在番茄时间内的表现，多听听孩子的反馈，多留意孩子写作业的效率和成果。找到最适合孩子的番茄时间。最佳番茄时间需要让孩子持续使用至少 2 星期。假如经常修改番茄时间，会破坏孩子写作业的节奏。

有些孩子会说"5 分钟休息时间太短了，不够休息"，怎么办？家长要告诉孩子，休息时间不是用于玩耍的，而是用于适当放松精神的，顺便解决必要的生理问题，如喝水、上厕所。如果休息时间太长，那重新进入学习状态就需要很长时间，结果适得其反。

5 分钟的休息时间也需要用番茄钟定时提醒，如果不用番茄钟，孩子有时候可能会耍赖，不愿意回到书桌前继续写作业。使用番茄钟定时之后，因为有明确的铃声提示，孩子就没办法耍赖了，这有助于培养孩子守时自律的习惯。

其实，不管将工作时间设定为多少分钟，家长最终的目的是要教孩子掌控时间的节奏，学会对专注力进行一张一弛的把控。

※※※※※※※※※※※※※※※

第五章

合理规划假期，
从此一生持续高效

01 一张图让孩子告别周末的无序和慵懒

本节主要解决 3 个问题。

❶ 如何让孩子周末时自觉做到先写作业再玩耍?

❷ 如何通过思维导图,让孩子明白事情分轻重缓急?

❸ 怎样才能保证事情的完成效果?

周末休假和上学是两种不同的状态,周末这两天具有一定的特殊性,用周一至周五上学期间制订计划的方式来给周末做规划,往往是行不通的。

在对周末生活进行规划之前,家长必须明白以下几点。

(1)周末自由时间长。周末有两个整天的时间,孩子往往会认为有很多时间可以自由玩耍,这种心理会导致孩子做事更拖拉。

(2)周末活动多。周末时间多,孩子可以参加各式各样不同的活动,如参加兴趣班的学习、锻炼、跟家长到户外游玩等,每个周末的活动有可能都不一样。

(3)孩子不容易分清事情的轻重缓急。周末往往有很多事情要做,家长应该让孩子分清每一件事的轻重缓急,让孩子优先完成最重要的、最紧急的事情。然而,对孩子而言,分清不同事情的轻重缓急其实是非常大的挑战。

（4）周末规划要做到让孩子学习、玩耍两不误。周末的规划既要考虑孩子的需求，让孩子有更多玩耍的时间，又要满足家长对孩子学习的要求。

✔ 利用思维导图将事情分类

周末说长不长、说短不短，家长需要引导孩子根据事情的轻重缓急来安排周末计划。家长要先教孩子分清事情的轻重缓急，这时就需要用到一个名为"思维导图"的工具。思维导图是我们整理发散思维的一个实用工具。它能将人的思维用图文并茂的形式形象地表达出来，可以将人的思维形象化，简单而有效。家长可以与孩子一起借助思维导图对孩子周末要完成的事情进行分类整理，将所有事情分为3类（图5-1）。

必须完成的：对7岁以上的孩子而言，必须做的事情包括周末作业以及兴趣班，如画画、钢琴、舞蹈、踢足球等，另外可能还有一些关于学习的培训班，如英语口语、作文、奥数等。

孩子自己想做且能独立完成的：孩子想做的事情大部分都跟玩耍有关，可以一个人完成，不需要家长陪伴。这类事情孩子可以自由安排，如去小区同学家玩、邀请同学来家里玩、画画、溜轮滑、跳绳、看动画片等。

孩子希望与家长一起完成的：这类事情是孩子想与爸爸妈妈一起

做的，需要配合爸爸妈妈的时间安排，如去公园、看电影等。

图 5-1　周末计划思维导图

✔ 根据"吃青蛙"法则选出最重要的事情

家长跟孩子一起把这3类事情用思维导图分类整理好之后，就要用到"吃青蛙"法则了，即家长带着孩子从每一类中挑选孩子认为最重要的事情，这些事就是孩子必须优先完成的任务。

时间管理领域"吃青蛙"法则来自时间管理大师博恩·崔西，他认为：想做好时间管理，就要找出一天、一周、一年乃至一生当中最重要的3件事，它们就是必须吃掉的"3只青蛙"。

有的家长问："为什么是3只青蛙，而不是4只、5只或6只呢？"

这类家长通常认为孩子有很多事情要做，3件根本不够，这该怎么办？

首先，要保证最重要的3件事情的完成。把最重要的3件事情完成之后，孩子还是可以做其他事情的。只要把最重要的事情完成，其他事情想做多少件，完全取决于孩子。其次，在一天的计划中，最多不要超过6件事情。

> 哪怕事情再多，最多也不要安排超过6件事情，这已经是极限。假如还有更多事情想安排，建议家长先做做减法，即便把这些事情都列入计划，也不一定都能完成。假如列出7~8件重要的事情，但因为时间关系没有完成或者是遇到特殊情况没有完成，只会徒增孩子的愧疚感。

周末有两天时间，一天吃掉"3只青蛙"，两天就是"6只青蛙"，家长要与孩子一起先把这"6只青蛙"找出来。

家长要与孩子一起分析如何找到这两天当中最重要的6件事情，找出之后让孩子在思维导图上做出标记（图5-2）。一般而言，这6件事情应该是那种如果不完成就会产生严重后果的事情。通过与家长讨论，孩子慢慢就能学会判断事情的重要程度和紧急等级了。这种分类不是一天就能学会的，而需要不断实践，在实践中体验、比较，慢慢才能学会。

选择6件事情时，通常是每个分类中选择2件。学习固然很重要，可假如孩子的生活中只有学习没有娱乐，孩子的人生体验也不完整。家长要允许孩子在周末适当放松，让孩子学会平衡娱乐与学习。

图 5-2　周末计划思维导图（标出重要事情）

✔ 生成周末待办清单

　　家长要引导孩子把选出的6件事情分配到周末两天，每天安排3件。安排好后，孩子可以把所有事情填入周末待办清单（表5-1），孩子只需要看待办清单，就知道该做什么事情了。

　　通过上述流程，孩子对于安排都会很自然地接纳，因为这是他自己做出的选择，其心态由被动转为主动，执行力也会大大提升。而且，通过列出重点任务，孩子对事情的轻重缓急也有了一定的认知，当家长适当提醒的时候，他会更明白哪些是自己必须完成的任务，态度也会更积极。

表 5-1　周末待办清单

	星 期 六	星 期 日
3 只 🐸	1. 写作业 2. 和同学玩 3. 去图书馆	1. 写家庭作文 2. 做三明治 3. 看电影
备选任务	4. 去公园 5. 上主持课 6. 养蚕	4. 爬山 5. 阅读 6. 看动画片

可见，只需一张思维导图，就能很好地引导孩子安排周末的日程，让孩子从被动变为主动，逐渐学会分辨事情的轻重缓急，从而告别周末的无序和慵懒。

02 做好假期规划，让孩子在假期执行力剧增

本节主要解决 3 个问题。

① 如何制订假期计划，才能让孩子和家长一条心？

② 如何调动孩子的积极性，让他自主"点菜"？

③ 制订假期计划前，爸妈要排除哪些思想障碍？

✔ "点菜–吃菜" 理论

大多数孩子在假期中都是拖拖拉拉，没有积极性，即使家长天天催促，假期作业也常常是拖到假期最后一天才完成。想要在假期看到一个积极的孩子，家长就要通过一些方法让孩子自己做计划，这样他才会积极地对待假期。假期的规划表面看来是为了防止孩子在假期过度玩耍，其实更重要的是为了通过假期的自我管理来锻炼孩子的自我管控力，学会设立目标、任务拆分、时间管理等各项能力。

通过制订假期计划，孩子自我管控的能力会逐渐加强，从上学期间的日管理开始，逐步深入到假期期间的周管理、月管理，再延伸到年度管理，最后就是人生目标的管理。那么，如何让孩子在假期里学习娱乐两不误呢？

寒暑假时间比较长，暑假通常有2个月，寒假也有1个月，制作寒

　　暑假计划属于中短期计划。假期具有特殊性，往往活动安排比较多，所以计划需要制订得更有弹性，才能保证孩子不论遇到什么突发状况，依然能持续地执行计划。

　　时间管理大师戴维·艾伦提出的GTD理论就是在教人们通过对生活中的事务进行安排整理，制订计划，解放自己的大脑，让自己更有效地工作。GTD理论的核心步骤是捕捉→明确意义→组织整理→深思→行动。对没有学过时间管理的家长而言，这套理论可能不太好理解，更不用说带着孩子一起做了。那么，让我们先把这些枯燥的理论丢到一旁，用一种孩子能理解的方式带着孩子一起做假期计划。

　　对孩子而言，时间管理理论可能比较深奥，我们可以把深奥的理论转化成简单的"点菜-吃菜"理论（图5-3），把做计划当做"点菜"，把执行计划当做"吃菜"，来教孩子做假期规划。

图 5-3 "点菜-吃菜"理论示意图

✔ "点菜-吃菜"具体方法

第一步，写菜单

　　家长可以给孩子一张收集表，先让孩子把希望在假期里完成的玩耍计划全部记录下来。家长可以与孩子一起头脑风暴，把想到的玩耍内容全部记录下来，也可以家长和孩子每人一个表格，用番茄钟计时25分钟，比一比谁写的内容更吸引人、列的内容更多。想玩的内容都写出来之后，家长可以与孩子一起讨论，看孩子更喜欢其中的哪些事情，做一些取舍。

列完玩耍的内容，家长可以善意地提醒孩子也要把假期作业安排在计划里。孩子通常会同意家长的提议，因为家长已经认同假期就是玩耍的时间这种想法，先让孩子列出玩耍的内容了，那孩子也会愿意与家长讨论假期作业的。将假期作业列入收集表后，如果家长希望孩子能在假期中参加补习，也可以给孩子提出建议。

这样，收集表就写得满满当当了。孩子觉得自己可以跟家长一起规划自己的假期生活，就会很开心、很有成就感。

列好收集表后，家长不必纠结哪些事情要不要做、怎么做。这张收集表只是一份"菜单"，并不意味我们要吃光"菜单"上所有的"菜"，现在要做的只是尽量丰富"菜单"中的内容，写完之后留着备用。

这一步有几个注意事项。

（1）**认同孩子的想法**。一年当中，孩子最开心的事情就是放寒暑假。上学期间每天不仅要在学校学习好几个小时，回到家还有一大堆作业，相当辛苦。所以，孩子都格外期盼寒暑假，期望有一个能够自己安排、自己做主、玩得开心的假期。家长在陪孩子做假期规划的时候，要了解孩子的需求，你知道孩子内心关于假期生活是怎么想的吗？

孩子想的	哦，我玩的时间来了，假期要好好玩一两个月！
家长想的	如何给他安排一些新的学习任务。 如何让他复习旧的知识。 让他参加一些社会活动。

很多时候，当孩子说自己假期要好好玩的时候，家长都可能泼冷水，如对孩子说："玩什么，你要趁着假期把之前没有学好的功课都补回来。"听到这类语言，孩子肯定会很紧张、很抗拒，好不容易盼来了假期，结果又是以学习为主，这样孩子能听家长的话吗？肯定不会。让孩子在这种情绪之下做假期规划，孩子肯定也是不情不愿的。还有很多家长向我抱怨，给孩子制订了假期规划，但孩子根本就不执行。

其实，问题还是在家长这里。因为这个假期规划是家长的规划，是家长预先设计好后把方案摆到孩子面前，让孩子按照家长的决定来执行的。凡是这样做的家长一定会得到一个不执行的孩子。

> 在这里，要提醒广大家长，在对假期的态度方面，先不要与孩子起冲突，孩子期待的是玩耍的时间，作为家长，要认同孩子的这种想法。如果家长对孩子说"对，假期就是属于你的，你可以好好地玩"，孩子就会觉得家长能够理解自己，他心里就会很满足。所以，列菜单的时候，家长要先让孩子列出希望玩耍的内容。

（2）**学习要求不要太过分**。前面讲到，将假期作业列入收集表后，如果家长还希望孩子能在假期中参加补习，可以向孩子提出建议。如果与孩子沟通顺畅，孩子通常不会拒绝，因为在玩的事情上家长已经通情达理，那么家长再建议他参加一些学习活动，孩子也会通情达理的。当然，家长的建议不能太过分，我曾经见过有的家长给孩子安排的学习活动比上学时还多，孩子自然不愿意。

（3）**避免十全十美**。做计划最容易犯的错误就是"眼大肚子小"。很多人做计划的时候总是雄心勃勃，想做到面面俱到、十全十美，可实施过程中，自己根本执行不了，一旦任务没有完成的时候，就会变得很沮丧，抱怨自己行动力太差。

其实，计划执行不完就与"点了一大桌子菜吃不完"是一样的。人们面对剩菜时，会怎么想？一般会想"点多了，下次少点些"，而不是"我吃的能力太差"。但面对执行不完的计划时则往往会沮丧地认为自己的执行力太差，而不会认为是任务太多了。

在做计划之前，家长必须明确一点，即不要帮孩子做超过孩子能力的计划。超过孩子能力的计划，孩子肯定完成不了，此时家长就很容易否定孩子，批评孩子时间观念差、拖拉等等，孩子的自信心就会遭受打击。这样不但无法帮助孩子，反而会伤害孩子。

只有"菜量"刚刚好适合孩子，孩子才能做到天天"光盘"，才会产生成就感，愿意第二天继续执行计划。

第二步，"荤素"搭配

点菜最讲究什么呢？是不是荤素搭配？一顿饭需要荤菜、素菜、汤羹、主食等。如果每顿饭都是大鱼大肉，人会吃不消的；可如果全是素食，人往往又会觉得清汤寡味。同样地，制订计划也要讲求"荤素"搭配。而要解决"荤素"搭配的问题，就需要使用思维导图。

家长可以先引导孩子把假期的任务分为四大类：孩子必须做的（在家中）、孩子想做的（在家中）、孩子独自外出做的和孩子需要家长陪同外出做的。

> 如果觉得这4种分类不适合自己的孩子，或者想在这几类的基础上增加1~2个类别，家长可以根据孩子的情况适当调整。

分类之后，需要给孩子一个自选的"盘子"，让孩子"选菜"。

先让孩子在"菜单"中"选菜"，每类任务大概选5~7个，填满每一周的计划（图5-4）。孩子首先可以确定每周必须完成的一项最重要的任务，如必须做假期作业。接下来就要安排一周之中每一天的日计划了，家长要让孩子从思维导图中的每类任务中各挑选出1项任务，这样就能保证每一天的安排都能做到"荤素"搭配。

第三步，选出3道"菜"

这一步是要根据"吃青蛙"法则，找出最重要的3道"菜"。选择时，家长安排2个，孩子安排1个。通常家长安排的任务是以学习类为主，孩子安排的任务是以玩耍类为主，当然也可能是学习类的，不论孩子进行何种选择，都是他的自由，家长要尊重孩子。

第四步，填写计划表

3项重要任务选定之后，周计划就制订好了。家长要带着孩子一

收拾房间

玩电子游戏

请同学来家里玩

玩桌游

学英文歌

做手工

孩子想做的（在家中）

第一周

老鼠赛跑游戏

捞鱼

去同学家

学画画

孩子独自外出做的

暑假计划

孩子需要家长陪同外出做的

游泳

爬山

去图书馆

溜冰

学舞蹈

孩子必须做的（在家中）

写作业

做周计划

读英语绘本

写晨起日记

做日历

阅读

练字

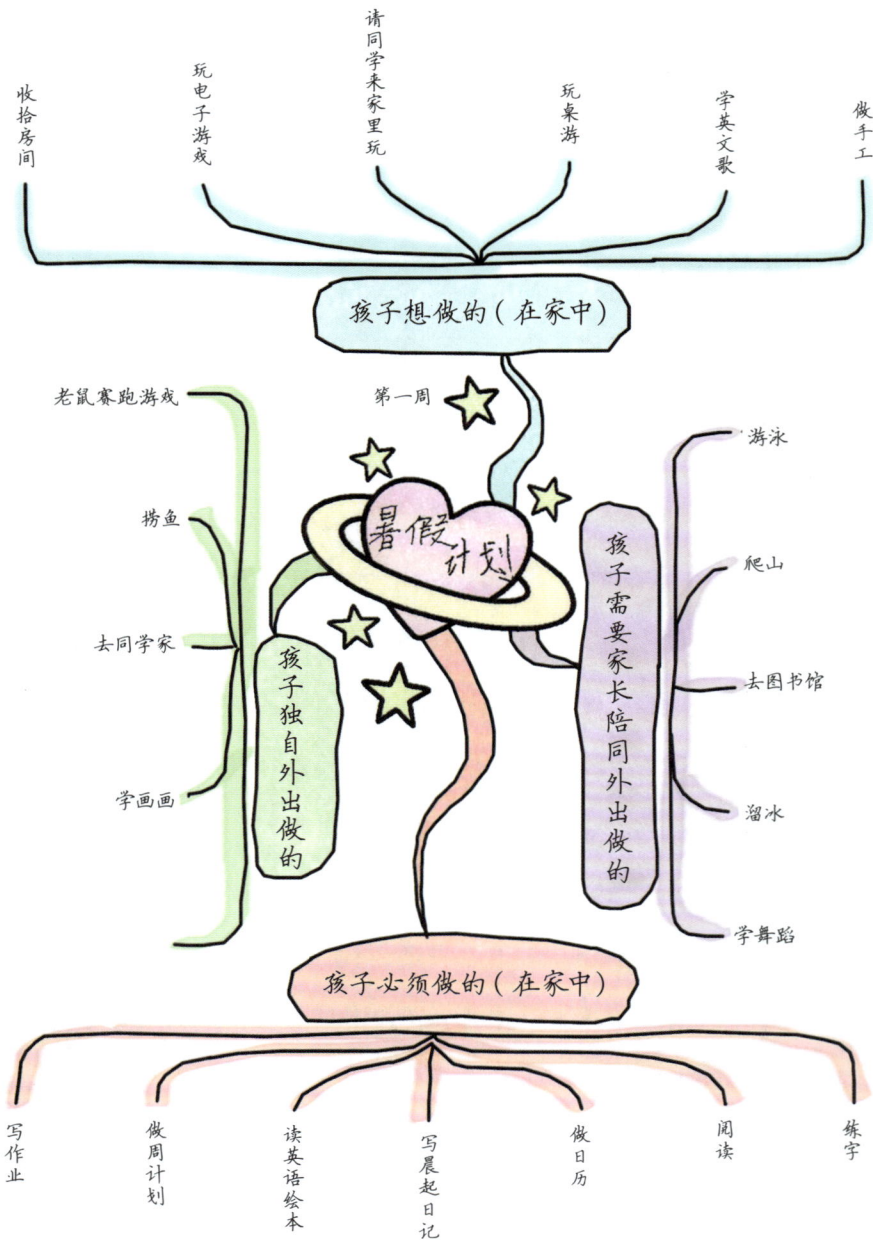

图 5-4 假期计划示意图

起制作出孩子喜欢的周计划图，如把周计划设计成风景如画的情景画，在画中有7棵空白的树，把每天要完成的任务写在每棵树上，并在重要任务的后面画出青蛙图案（图5-5）。

图 5-5　周计划示意图

周计划制订好之后，就可以制订时间更长的月计划。家长可以帮孩子把周计划抄写到月计划表中，执行的时候孩子只需要看着周计划来执行。

另外，在月计划表中，家长还要把已经定好的行程标注出来，如参加夏令营、外出旅行等（图5-6）。月计划的主要作用是让孩子对整个假期的行程有个清晰的了解。

星期一 Monday	星期二 Tuesday	星期三 Wednesday	星期四 Thursday	星期五 Friday	星期六 Saturday	星期日 Sunday
				① 写作业 做日历 读英语绘本	② 写作业 练字 爬山	③ 写作业 溜冰 做周计划
④ 写作业 收拾房间 玩电子游戏	⑤ 写作业 做手工 去图书馆	⑥ 写作业 读英语绘本 学英文歌 游泳	⑦ 写作业 写晨起日记 玩桌游 去同学家玩	⑧ 写作业 阅读 捞鱼 学画画	⑨ 写作业 练字 爬山 游泳	⑩ 写作业 读英语绘本 画画 做周计划
⑪ 阅读 去图书馆 练字	⑫ 练字 收拾房间 学舞蹈	⑬ 读英语绘本 阅读 学画画	⑭ 练字 读英语绘本 游泳	⑮ 练字 读英语绘本 游泳	⑯ 读英语绘本 做手工 看电影	⑰ 爬山 练字 捞鱼
⑱ 练字 玩桌游 学画画	⑲ 阅读 收拾房间 做手工	⑳ 收拾房间	㉑	㉒ 财商之旅夏令营 - - - -	㉓	㉔ - - - >
㉕ ✓ - - - -	㉖ ✓	㉗ ✓ - - - >	㉘ 练字 去同学家玩 捞鱼	㉙ 读英语绘本 练字 学画画	㉚ 爬山 溜冰	㉛ 去同学家 游泳 做周计划

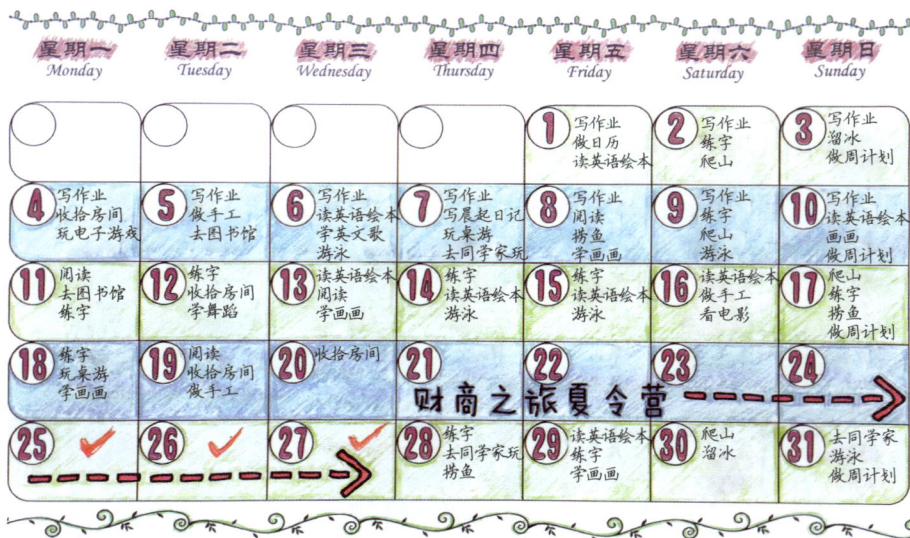

图 5-6　月计划示例图

也许你会奇怪，为什么不是直接做整个假期的计划，而是先做周计划？首先，孩子年龄比较小，对长期计划的把控能力有限。其次，长期计划更容易受各种不确定因素的影响，而孩子往往还不能灵活应对变化，这样就容易产生挫败感。再次，孩子若从周计划开始做假期计划，在每一周结束之后家长还可以陪孩子总结问题，讨论一下完不成计划是因为"点菜"太多还是执行力不足。家长要带着孩子对任务逐个进行分析，然后做出调整，再去做下一周的计划，这样孩子就轻松多了。

从第二步到第四步都是在"点菜"，在此过程中的注意事项有以下几点。

（1）**把主动权交给孩子**。所有的任务都分类后，家长要把"点菜"的主动权交给孩子。在选择过程中有自我控制的主动权，孩子才会有执行的欲望。

举一个很简单的例子，通常孩子在家时挑食的情况比较严重，在学校时则比较少挑食。在学校吃饭时，每个孩子都有独立的盘子，即使选到自己不喜欢吃的菜，孩子还是会吃完。这是因为菜是孩子自己选的，什么菜、多少量，都是孩子自己决定的，他有自我控制的主动权，就会对结果负责。

（2）**制作孩子喜欢的计划表**。很多家长把计划表做得像学校课程表似的，密密麻麻，毫无弹性，孩子当然不愿意执行了。家长一定要制作孩子喜欢的计划表，这样才有助于计划的执行。

（3）**鼓励孩子挑战从未尝试的事情**。列出周计划之后，家长可以鼓励孩子加上一个自己从未尝试过的挑战，就像在餐桌上品尝不同风味的菜，说不定会有意外收获。至于要尝试什么，需要家长与孩子多沟通。

第四步，光盘——完成计划

切记，重要的3项任务必须安排在精力最充沛的时间完成，这样才能有更多时间做自己想做的事情。家长应该要求孩子尽量上午就把当天的3项重要任务完成。体会到快速完成任务的好处之后，孩子自然就会有动力每天主动完成了。

孩子完成每天的任务后，可以在当天的计划表中做一些标记，给予自己即时反馈。如果使用的是第95页中的周计划图，那孩子就可以在完成每一天的任务后把代表当天的树涂成绿色，并在月计划表中的相应任务前画一个√。

这样，孩子每天完成任务后就等于在意识里种了一棵树，从每一天的积累，到每周的执行，最后到每个月总结式的呈现，这些积累出来的数据对孩子而言是非常宝贵的财富，可以让孩子获得极大的成就感。当回看假期中完成了这么多事情的时候，孩子内心就会产生强大的信心，这将有助于孩子下一个计划的制订与执行。

这一步的注意事项是：执行计划时需要配合番茄工作法，以每工作25分钟休息5分钟的节奏完成任务。在开始任务之前，要让孩子先预估所需时间，完成之后再记录实际消耗时间，家长则要帮助孩子预估与统计时间，让孩子每天进步。

第六章

培养整理习惯，训练时间管理思维

01 锻炼孩子的整理能力，有你不知道的好处

本节主要解决 3 个问题。

❶整理是整理物品还是整理思维？

❷有整理习惯就能轻松掌握时间管理吗？

❸收纳整理对孩子最大的好处到底是什么？

也许，很多人都把收纳整理简单等同于做家务。很多家长都认为，孩子只要学习好，不做家务也无所谓。还有很多人认为，现代社会家用电器不断地更新换代，变得越来越强大，甚至已经进入人工智能化时代，如需要扫地有扫地机器人，所以，即使不会做家务，生活也不会受到任何影响。

以上的观点都不算错，但我们需要从另外一个角度来看待收纳整理。

时间管理其实就是合理安排事情，而合理安排事情也是一种整理，是对思维的整理。培养合理安排事情的能力短期内不容易见到效果。如何将这种能力可视化、便于孩子学习，对家长来说是一大难题。

其实，收纳整理物品就可以将这种能力可视化。思维的整理与实物的整理之间有直接的关系。虽然孩子进行收纳整理时是在对实物进

行整理，但整理方式能投射出孩子的思维方式。可以说，收纳整理跟时间管理一样，都是在训练孩子思维的条理性，比如，在日常生活中分清事情的轻重缓急与对物品的取舍类似，决定做事的先后顺序与放置物品的顺序也有关联。家长可以通过收纳整理物品慢慢培养孩子合理安排事情的思维，从物品的取舍到任务的取舍，最后培养出孩子时间管理的思维。

　　收纳整理是一个复杂的过程，家长要让孩子从最简单、最容易操作的地方入手，帮助孩子建立整理的思维。

02 一个包让幼儿园阶段的孩子爱上整理

> **本节主要解决 3 个问题：**
> ❶ 孩子什么时候最愿意整理自己的物品？
> ❷ 如何教孩子学会收纳整理？
> ❸ 怎样才能做到家长不插手，孩子就能独立完成收纳整理？

✔ 家长的挑战

教 3 ~ 6 岁的孩子学会收纳整理，对家长而言的确是个非常大的挑战。

首先，一项技能需要反复练习才能熟练运用。收纳整理是一项相对无趣的任务，对 3 ~ 6 岁的孩子而言没有吸引力，很难吸引孩子反复练习。

其次，现在很多家长总是给孩子无微不至的照顾，这往往让孩子失去很多动手的机会。

再次，家长对家里的环境有非常强的掌控欲望，往往没有给孩子足够的耐心去尝试。孩子刚刚动手尝试自己收纳整理时难免会因为没有头绪而浪费很多时间，效果也可能不好，此时不少家长就想自己动手替孩子做完，这种代劳的愿望非常难控制。还有一些家长虽然不代劳，但会情不自禁地在旁边指指点点，即使偶尔能够控制住情绪，选择离开不管，内心也是百爪挠心，以至于最后验收成果的时候忍不住重新做一遍。家长的这些行为都会抹杀孩子学习收纳整理的热情。

最后，还有一个不可回避的问题——由于教育理念的差异，爸爸妈妈与那些把孩子视为掌上明珠的老人们难免产生摩擦。爸爸妈妈一边要想尽方法说服孩子参与简单的收纳整理，另一边还得防止爷爷奶奶、外公外婆的阻挠，这常常让爸爸妈妈疲惫不堪。

✔ 轻松培养孩子的整理习惯

其实，我们只需要两个小工具——小背包和出门清单，上面的一连串问题就可以迎刃而解。

家长可以让孩子从背包这个小小的空间开始学习收纳整理，这是家长培养孩子整理习惯的一个非常好的切入点。

（1）小背包是孩子乐意独立掌控的小空间。

（2）爸爸妈妈可以轻松说服爷爷奶奶、外公外婆不插手。毕竟只是一个特定的小空间，把这种自主权归还给孩子，孩子完全可以控制得很好。

（3）小背包特别容易让孩子收获成果。因为小背包空间小，容易收拾好，而只要收拾到位，孩子的成就感就会油然而生。

家长可以让孩子出门前自己整理小背包，出去玩是孩子探索外面世界的最好方法，孩子也很乐意每天出去玩，每次出门玩对孩子而言都是快乐的事情。因此，与孩子沟通出门前自己整理小背包这个要求，对家长而言不会太难。

在我的建议下，很多找我咨询的家长都决定让孩子在出门前自己整理小背包，还会在出门后遇到朋友时夸奖孩子："你看我们家孩子的小背包都是自己收拾的啊！"这样，孩子会得到很多夸奖，自信心剧增，下次出门也会更愿意收拾小背包。

为了帮助孩子学会整理自己的小背包，家长可以给孩子制作一份出门清单。出门清单一定要有趣一些，像下面这张出门清单就以藏宝图的方式呈现（图6-1），让孩子像寻宝一样把物品逐一找到并收纳进小背包里，然后快乐地出门。

> 出门清单最好以简笔画形式制作，2岁以上的孩子都能看懂，而且孩子可以自行涂色，孩子肯定会很开心。

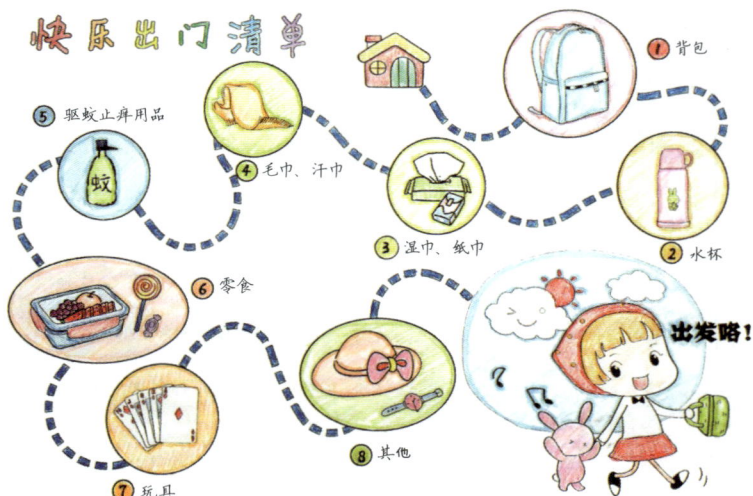

图6-1　快乐出门清单

总之，从幼儿园开始，只要孩子出门玩，家长就可以创造机会让孩子练习整理。让孩子在日常生活中享受收纳整理带来的乐趣，感受自己整理的成果，并从此爱上整理，这才是学习整理入门的最好方法。

像这样给孩子清单，让孩子自己整理小背包有很多好处。

（1）**培养孩子的责任心**。以往出门时带的物品都是家长帮忙整理，出门后一旦发现忘带某件物品，孩子常常会责怪家长。

现在，有了清单的帮助，孩子是独立收拾小背包的，这可以培养孩子对自己负责的良好习惯，也能大大减少家长包办行为的出现。

（2）**锻炼孩子的交际能力，让孩子学会交际和取舍**。小玩具可以帮助孩子打发无聊的时间，也是孩子的交友神器。不管年龄多大，人都需要与他人交往，孩子自己带着玩具出门与别的孩子分享，往往更容易受到其他孩子的欢迎。在下次出门之前，家长可以引导孩子思考，带些什么玩具能更好地吸引其他小朋友，孩子会初步了解交友之道，使孩子的交际能力得以锻炼。

（3）**让孩子学会取舍**。孩子常常会贪心，带1个玩具不够，还想带2~3个，还可能选择体积较大的玩具，而出门之后孩子就会发现背包很重。以后，再想多拿玩具的时候，他就会想到太贪心会让自己很辛苦，慢慢地就学会取舍了。这些道理，只有孩子自己体验了，才能有深刻的理解。

（4）**培养孩子做事有计划的习惯**。孩子的整理能力会从小背包的整理顺利延伸到收纳整理的其他方面。例如：平时就要把手绢折叠整齐才能在需要时更快更好地将其放入小背包，零食提前做好分配才能在出门前快速地装好。这些以前都是需要家长唠叨许多遍孩子才愿意做的事情，现在不需要家长多说，孩子就愿意参与整理。而且，这种未雨绸缪的做法，会慢慢让孩子养成做事有计划的好习惯。

03 简化孩子整理物品的步骤

本节主要解决 2 个问题。
❶整理的最终目的是什么?
❷整理的 5 个关键步骤是什么?

✔ 从小学习收纳整理的重要性

很多家长认为孩子的整理能力会随着年龄的增长而增长，但事实上，很多时候，我们学到的收纳整理技巧通常是源于家长的亲身示范。如果孩子小时候没有经过家长的指导，有可能长大之后对于收纳整理仍然一窍不通。

另外，对很多人而言，整理一次很容易，难的是如何长期保持整洁。家长要让孩子从小就学会用完东西后立刻将其放回原位，这才是收纳整理中最应该养成的习惯，而这样的习惯是在生活的点点滴滴中培养起来的。

✔ 收纳整理五大步骤

其实，收纳整理可以总结为5步，如图6-2。

第一步，拿出来。

　　这一步需要把所有的东西拿出来，放入收纳箱里或大纸箱里。这是为了让自己知道有哪些东西需要整理。例如，我们要整理桌面，就需要把桌子上所有的东西先全部放入收纳箱，这就算是完成了第一步。

第二步，分分类。

　　这一步需要把物品分类。首先，是区分需要和不需要两类，需要的物品就进行整理，不需要的物品就要丢弃。这一步最困难的是如何确定哪些东西要丢弃。一说到丢东西，很多人都觉得为难，觉得下不去手、舍不得丢或者不知道什么东西是可以丢的。

　　家长可以让孩子参照以下4个原则来判定某件物品是不是可以丢弃的。

·是不是不合适的？

·是不是两年没用过的？

·是不是不需要的？

·是不是不喜欢的？

　　在这个步骤中，家长要让孩子思考以下问题。

·现在是不是需要？

·现在还喜不喜欢？

　　这些问题可以帮助孩子判断某件物品是否需要保留。

第三步，减减负。

　　从字面上就很好理解，对于那些不需要的东西，我们要帮它们找到正确的去处。其实，减负不代表把东西全部扔掉，可以想办法把这些东西拿到更需要的地方或者送给更需要的人。例如，回收衣物和捐赠图书的自助机就可以帮助孩子处理掉自己不需要的物品。

当家长带着孩子把自己用不上的东西送到需要的人手中时，其实也是在帮助孩子认识有些物品是可以循环利用的。

第四步，收起来。

这一步就是收纳物品。收纳物品有两个标准：按类收纳、让物品立起来。

首先，收纳时要按类别整理。在收纳物品之前，我们需要把待收纳的物品分类，如彩笔、铅笔、蜡笔要放在一起，书和笔记本也要放在一起，这样会更方便使用。还可以购买一些实用的收纳工具，比如，买各种篮子来分门别类地放置不同的杂物、给抽屉中加隔层来隔开各种小物品……

其次，收纳物品时一定要让能立起来的物品都立起来。所谓立，是站立、竖立的意思。我们都有这样的感受，书本或衣服若是平着叠放，那么拿下面被压着的书本或者衣服时，就很容易把所有的书本或者衣服都弄乱，甚至是把叠放好的书本或衣服弄倒。而且，如果物品是平着叠放入箱子或者抽屉，那么下面的物品就很难看到，拿起来也不方便。解决这个问题的关键是让能立起来的物品都立起来，就像书架上的书那样，互相不压制，都是独立站立的，不管拿哪一本都很容易，也不会弄乱其他的书。

第五步，记位置。

很多孩子还没养成物品用完之后随手归位的习惯。而且，孩子的认知水平与大人不一样，该把物品放回哪儿，孩子也不一定记得住，在刚开始的时候还需要家长适当提醒。家长最好给整理好的环境拍一张照片，这样每一次收纳的时候，孩子就可以参照这个标准，不管对家长还是孩子来说都非常方便。另外，由于这张照片中的成果就是孩子与家长共同收纳的成果，孩子与家长基本上已经达成共识与约定，照片中的环境就是孩子和家长共同打造的舒适的环境，所以，不需要家长的催促和指挥，孩子就能学会遵守。

图 6-2　整理流程示意

第七章

激发内在驱动力，
让孩子自主改变

01 "有剧本"的对话清单

本节主要解决 3 个问题。

❶ 如何用"有剧本"的对话清单，激发孩子的积极性？

❷ 如何用五大交流句式激发孩子思考问题、解决问题的能力？

❸ 如何检视自己和孩子的沟通方式，从而做出改变？

游戏化工具是为了引起孩子的兴趣，目的是用好玩来吸引孩子参与每一天的时间管理。这些好玩的工具有激发的作用，的确能让孩子愿意参与习惯的培养，但孩子的行动力可能来得快、去得也快，好奇心过去之后，孩子就不想继续下去了。

想让孩子持续地执行时间管理计划，就要让孩子对时间管理有准确而清晰的认识，让孩子知道这是他应该做的。只有这样，孩子才会在遇到困难时积极想办法解决。如果孩子认为这件事只是听家长的吩咐做的，就会很被动，面对困难的时候他也不会主动想办法解决。

因此，需要与孩子进行深入沟通，沟通不仅仅要把家长的想法传达给孩子，还要把家长的想法内化为孩子自己的想法，这样的沟通迎合了孩子想自己做主的本性，才是有效的沟通。

✔ "有剧本"的对话清单的作用

想与孩子进行有效的沟通，达到目的，就要使用"有剧本"的对话清单。有些家长与孩子沟通时，基本上是想到哪儿就说到哪儿，很多时候，既没有把问题描述清楚，又容易被情绪带着走，陷入与孩子的争论当中，最终导致问题无法解决。

有了对话清单，家长就可以在沟通之前先做好准备工作，把要与孩子沟通的主要问题、沟通的流程以及要实现的目标——列出，然后再与孩子进行详细的沟通。

具体来说，"有剧本"的对话清单主要有以下几点作用。

（1）帮助家长保持冷静。很多时候，家长很容易受孩子情绪的感染而烦躁，甚至发怒。有了对话清单，当遇到孩子言语顶撞、情绪反抗的时候，家长就容易保持冷静。

（2）有助于聚焦主题。很多时候，开始沟通的时候本来是说某个问题，但在沟通过程中遇到孩子言语顶撞等反抗行为时，家长就忍不住翻旧账，结果越说越远，说到别的问题上去了。对话清单可以让整个沟通过程不偏题。

（3）最大限度地保证沟通的效果。有了对话清单，家长可以根据预设好的程序按部就班地与孩子沟通。由于家长已经事先想好遇到孩子提出各种反对意见时如何应对，因此就能够有效地避免达不成共识局面的出现。

（4）有效激发孩子的内在驱动力。这个对话清单之所以有用，是因为我们在与孩子沟通之前就先把问题和对策写下来，这其实是事先整理好了思路。通过与孩子沟通让孩子说出心中的想法与做法，也是运用语言的力量帮助孩子梳理思路。这样，当家长和孩子的想法一致的时候，孩子的内在驱动力就得以启动，孩子在后续的执行当中才有积极的动力。这种沟通方式不仅对于年龄小的孩子有用，对于青春期的孩子也同样有用。

✔ "有剧本"的对话清单的内容

对话清单由5个部分组成，分别是准备、选择时间和地点、陈述、讨论解决方案和达成一致。

准备：思考将要解决什么问题。

选择时间和地点：家长要选择自己和孩子的时间都比较充裕，且心情都很愉悦的时候进行讨论。

陈述：家长描述自己看到的事实，谈谈孩子行为中出现的问题，说说希望孩子达到的目标。

讨论解决方案：与孩子讨论解决方案并达成共识，集中解决难题。

达成一致：双方在改变行动与目标上达成一致。

每个部分的内容家长都要先填写好，这就相当于在与孩子沟通之前家长就已经整理好思路，如想清楚需要和孩子谈什么问题、如何引导孩子接纳自己的建议、假如孩子不配合该这么办等。

下面是我帮助一个妈妈解决她的孩子吃饭慢的问题时，引导这个妈妈写下来的对话清单。

1.准备：（讨论内容）　如何加快吃饭的速度

（期望目标）　饭桌上少说话，要专注地吃饭

（底线）　妈妈提示的时候，可以停止说话

（讨论失败的应对）　另外找时间讨论

2.选择时间和地点：（时间）　洗澡的时候

（地点）　浴室

3.陈述：（肯定优点1）　最近早上起床很自觉，每一天都是自己起床

（肯定优点2）　很有礼貌，出门回家都主动和家人打招呼

（陈述事实1）　你吃饭时一直不停说话，说得太开心，都忘记吃饭了

（陈述事实2）　我们已经吃完饭了，你还要一个人吃很久才能吃完

（陈述事实3）　吃饭时间太长，饭菜都变凉了，味道也不好了

（说出目标1）　我希望孩子在我的提醒下，停止说话，专心吃饭

（说出目标2）　我希望孩子可以接受用计时器倒计时，让孩子知道离吃饭结束的时间还有多久

4.讨论解决方案：（遭遇打断）

（反倾听式陈述1）　如果我是你，我更愿意吃完饭后再痛快地告诉家人自己在学校遇到的快乐的事情，你觉得呢？

（反倾听式陈述2）　在我看来，你还是很愿意和我们一起同一时间吃完饭，对不对？

（反倾听式陈述3）　我猜你觉得（有妈妈提醒会更好一些，是吗？）

5.达成一致：（1）同意使用计时器倒计时

（2）同意在忍不住说话的时候，让妈妈用约定的方式提醒

（3）实在忍不住说话的时候，只能说两句

准备：这次沟通是针对孩子吃饭慢的问题，最终希望孩子能在饭桌上少说话、更专注地吃饭，饭后再聊一些学校里发生的令她开心的事情。

选择时间和地点：这个妈妈选择在陪孩子洗澡的时候沟通，虽然在这个时间沟通显得不是很正式，但孩子洗澡时是最放松的时刻，这个时候与其讨论吃饭问题再合适不过；而且，因为在洗澡，孩子不可能一不高兴就掉头离开，那妈妈就有拥抱孩子的机会，孩子就不会觉得是在责备她。

陈述：我建议这样对孩子说，"妈妈看到你吃饭的时候一直在不停地说话，你说得太开心，都忘记吃饭了。我们已经吃完饭，你还要独自一个人吃很久才能把饭吃完。妈妈觉得你其实可以快一些吃饭的，我们需要想一想办法。我希望你和我们大家吃饭结束的时间是一样的，这样我们饭后就可以一起去小区散步，散步时可以有很长时间来聊天。"

讨论解决方案：家长可以用提问的方式让孩子说出内心的想法，如问孩子"你觉得有什么方法可以让自己吃饭快一些呢"。如果孩子没有具体想法，家长可以说出自己的建议，从而引导孩子说出一些可能的选择，但需要站在孩子的立场表述，如对孩子说"假如你吃饭的时候不说话，速度会快很多，你觉得呢"。

达成一致：家长要把双方讨论得出的可行性方案与孩子一一确认，比如告诉孩子"刚才你提的第一条建议非常好，妈妈记录下来，妈妈的建议你觉得哪一条比较好，我也将其记录下来"。最后，家长要把双方都认为可行的方案全部记录下来，这就得到了一份具体的执行方案。

五大类交流句式

也许有的家长会说："我不会提问，都不知道该怎么向孩子提问，怎么办？"别担心，我准备了46个与孩子交流的句式（表7-1），包括激发思考式、引导式、激发同理心式等，能帮助广大家长更好地与孩子沟通。

这些句式一共包括五大类，家长只需要从每种类型中挑出一句自认为最容易记住的，将其背下来，然后经常用这些问句与孩子沟通，慢慢地，与孩子的沟通会越来越顺畅的。当然，这只是最简单、最容易操作的一种沟通方式，要想学到更多与孩子沟通的方式，家长就需要在生活中持续学习，与孩子共同成长。

表 7-1　五大类交流句式

激发思考式	1. 你觉得怎么做好？你有什么妙招？
	2. 你该怎么办？你先做什么？再做什么？
	3. 如果好好想，你一定能想出好办法。
	4. 可能发生什么事？
	5. 如果想要……你觉得有几种办法？
	6. 想一想，还有别的办法吗？
	7. 让我看看，你有几个办法？
	8. 咱们一起想想办法，还是你自己想？
	9. 我相信，你一定能想出几个好办法。
	10. 孩子，想得好！想得就是好！

（续表）

	1. 我相信，你能遵守……
强化规矩式	2. 我期待着你能做到。
	3. 我想，你的话有道理。
	4. 请你遵守家庭守则。
	5. 你这样做违反了家庭守则。
	6. 你这样做是不能被接受的。
	7. 我不接受你这样的行为。
	8. 没关系，下次你就知道怎么做了。
	9. 请记住我们的规矩。
建议式	1. 如果我是你，我会这样做……
	2. 换另一种方法试一试？
	3. 是不是这样会好些？
	4. 要不要尝试另一种新的方法？
	5. 试试用这个替代怎样？
	6. 是否有必要再做一次？
	7. 是不是到了该……的时间了？
	8. 想想看，还有什么没做？
引导式	1. 我……还是你自己……？
	2. 先……还是先……？
	3. 我帮你……还是你自己……？
	4. 你认为这样好，还是那样好？
	5. 你认为，咱们今天……还是明天……？
	6. 你选择做什么？还是我们一起选？
	7. 需要我帮你做点什么？还是不希望我帮你？
	8. 你觉得我这样帮你，还是那样帮你？
	9. 你对我这样说合适，还是那样说合适？

（续表）

激发同理心式	1. 假如你这样做了，你有什么感受，别人有什么感受？
	2. 如果你那样做，别人会有什么感受？
	3. 你能体会我的心情吗？
	4. 你愿意别人对你这样做吗？
	5. 你这样做，她会生气，还是不生气？
	6. 你对他无理，他受到伤害，非常难过。你感觉到了吗？
	7. 你愿意有被别人伤害的感觉吗？
	8. 你试着想象一下他的感觉，是沮丧，还是窘迫？
	9. 我理解你的感受，我也有同感。
	10. 我感受到了你内心的郁闷。

家长偶尔还会控制不住脾气，怎么办？

很多妈妈都反映："我跟孩子说话，孩子总是不肯听，真是急死人了。"其实，问题可能根本不在孩子身上，真正的问题在家长身上，家长却没有发现。看不到问题的根源是最可怕的，因为在没有找到问题根源的时候，家长越使劲，问题可能越严重。

想快速地找到问题的根源所在，有两个简单有效的方法。

第一，在情绪不好的状态中回应孩子时，先倒数 5 秒，缓一缓再回答，这样会让自己思路更清晰地解答孩子的问题，而不是脱口而出下结论。

第二，使用手机的录音功能。与孩子对话的时候用手机录音，晚上孩子睡觉之后，把录音播放出来听一听，看看自己说的是否就是想表达的，思考一下孩子为什么不能接收到你想传达的信息，想一下有哪些话可以省略、哪些话换个方式表达更容易让孩子接受。

这个方法很特别，但也非常有效。坚持录音一周，就很容易发现根本的问题出在哪儿。当然，如果录音的同时能用笔记录下来更好，因为这对于改善自己的说话模式有很大的帮助。很多家长都向我反馈这个方法非常好用，没有录音以前都不知道自己竟然是这样跟孩子讲话的，现在知道了，才明白孩子为什么会不听自己的。这就是录音之后找到了问题的症结所在。从此以后，针对问题结合对话清单来做出改变，与孩子的沟通就会越来越顺畅。

※※※※※※※※※※※※※※※

02 用好"鲇鱼"工具，让孩子持续改变

本节主要解决 3 个问题。

1 刚开始执行清单时如何制订奖励计划？

2 精神和物质奖励，怎样选择？

3 如何设定奖励的周期才合适？

在运输沙丁鱼的过程中放入一条鲇鱼就能大大提高沙丁鱼的存活率，这就是鲇鱼效应。鲇鱼效应是利用外部的驱动力促使沙丁鱼不断游动，使得沙丁鱼缺氧的问题迎刃而解，沙丁鱼也就不会死了。

同样，孩子在执行清单的过程中也需要外部驱动力来促使孩子持续执行，以避免出现"缺氧游不动"的情况。奖励就相当于一个鲇鱼工具，运用好这个工具，就可以对孩子产生正向的激励作用。

很多家长认可这一观点，也想给孩子制订一份行之有效的奖励方案，可具体实施之后的结果却不尽如人意。下面将列出几条制订奖励方案的规则，遵循这些规则来制订奖励方案，实施时更容易落实到位，也能更好地推动孩子执行。

（1）家长和孩子共同约定。家长需要和孩子制定双方都认可的行为规则。为了达成目标，家长需要和孩子制订达成一份双方都认可

的协议，也可以称为契约，落实到纸上就是清单。强烈建议制作清单的时候让孩子参与，哪怕是只参与涂色都行。只要孩子参与制作，就相当于孩子认可了这份契约。在孩子执行不到位的时候，家长只需要适当提醒孩子就可以了。有时候，孩子的态度不一定非常好，但只要其执行到位，家长都应该给予肯定，并鼓励孩子持续执行下去。

当然，孩子参与制作时的态度决定他对这个契约的认可程度，如果孩子很不情愿地参与制作清单，就说明他不认可这个清单，这个契约可能很快就失效了。

（2）**选择合适的奖励系统**。积分奖励非常适合孩子。积分奖励是对孩子持续行动的即时反馈。大部分孩子都是短视的，只能看到当下的事情，如果行动不能得到即时反馈，孩子是没有动力坚持的。

即时反馈非常重要，举例来说：人们往往觉得减肥很难，很多人一辈子减肥无数次都没有成功，就是因为没有持续的即时反馈系统。人在减肥的第一天节食（或运动）一整天，晚上一称体重，发现少了1斤，就很高兴，第二天就有动力继续节食（或运动），可如果第二天体重秤显示体重没有变化，信心马上就被瓦解了，第三天就可能不再坚持了。

我们给孩子记录积分就是在人为创造即时反馈，让孩子知道自己进步到何种程度，取得了哪些成绩，这样孩子就有足够的动力继续向前迈进。

积分表和积分图就是很好的记录工具。家长需要和孩子一起挑选一张积分图或者积分表，给孩子做行为记录。

习惯的养成需要孩子每天坚持行动，通过至少30天的积累存在于表意识的行为模式才能形成，通过至少3个月的积累存在于潜意识的行为模式才能初步形成。

在启用积分奖励的初期，为了让孩子能每天持续行动，家长应该让孩子看到每天的积分图或积分表的积分情况，从而让孩子从积分图或积分表中获得必要的满足感和成就感，以保证其具有持续的执行力。

（3）选择合适的奖品。奖励物品最好提供2个以上选项，供孩子选择，或者让孩子自己提出想要什么奖励物品，因为只有自己喜欢的东西，孩子才有动力去争取。

奖励的物品一定要小，而且要实用。孩子大多没有那么好的耐性，对于长期的期待没有耐心，很容易就半途而废，刚开始的时候家长每周都要奖励孩子一次（如果是幼儿园的孩子，有可能1～3天就要奖励一次）。选择小的奖励，既让孩子每次得到礼物的时候欢欣鼓舞，又确保家长无须耗费太多精力和资金。

家长也可以尝试把自己的陪伴作为奖励选项，如孩子可以选择跟妈妈一起做一件特别的事情。孩子本身就非常渴望爸爸妈妈的陪伴，也许对孩子来说，爸爸妈妈的陪伴比任何礼物都珍贵。

（4）刚开始时，只针对1～2个习惯制订奖励方案。不少家长在刚开始接触书中的游戏化工具和积分奖励法后，觉得很好，就迫不及待地想全面开花，给孩子的各种行为都使用清单、计算积分，其实这种做法非常不恰当。

　　如果一开始所有方法都一拥而上，即使再好的方法也会令孩子心生厌恶，产生抵触情绪，进而出现不愿意跟家长配合，甚至跟家长唱反调的情况，这样不但不利于好习惯的培养，甚至还会把孩子推向相反的方向，所以，在刚开始的时候，一定要秉承"少就是多，慢就是快"的原则，不要拔苗助长。

　　对于从没有用过游戏化工具和积分奖励法的孩子，建议从1～2个具体的习惯开始，将其设定为优先目标，让孩子持续执行，直至内化为习惯，这样才更容易实现目标。

03 积分图和积分表

本节主要解决 4 个问题。

❶ 积分规则如何制定？

❷ 积分表如何使用？

❸ 如何用情景化积分图调动孩子的积极性？

❹ 如何设计延伸版情景化积分图？

积分可以数字化、即时化地反馈孩子的表现情况。选择使用积分工具，孩子做得好还是做得差都可以立即通过分数显示出来。另外，如果没有积分，孩子可能出现前一天记得执行、第二天又忘记执行的情况，同样也可能出现家长今天提醒了孩子，明天又忘记提醒的情况，这样就不利于好习惯的养成。开始记录积分之后，孩子忘记执行的情况就不会再出现了。

然而，有些家长认为积分奖励会对孩子产生负面影响，从而拒绝使用积分奖励。实际上，积分本身只是一个工具，任何一种教育方式和工具都有利有弊，如何用好才是最关键的。我们可以尽量发挥积分奖励的优势，而对于其弊端，则建议采用综合奖励的方式来合理规避。

积分工具分为积分图和积分表两种。下面，我们来分别谈一下如何更好地使用积分图和积分表。

✔ 积分表

积分表比较适合7岁以上的孩子，是由一张积分记录表和一张积分细则共同组成的，积分记录表用于记录每天的积分，积分细则说明积分如何计算。

积分记录表

积分记录表（表7-2）中第一行是参与积分的项目，家长要根据孩子的具体情况给孩子制定积分的项目。接下来，第一行中还有"额外积分"（针对家长想鼓励孩子去做的事的积分）"积分使用"以及"合计"。

表 7-2　积分记录表

项目 日期				额外积分	积分使用	合计
周六						
周日						
周一						
周二						
周三						
周四						
周五						

大多数积分记录表是按周一至周日顺序安排的。在实践中，我发现其实从周六开始计时比较合适，因为这样就可以在周五统计一周的积分，并兑换奖品。然后，孩子就可以在周末的时候尽情享受自己一周以来努力的成果。

表7-3是一个适用于小学阶段孩子的积分记录表。

表中包括3个最重要的基础项目——晨起任务、写作业和睡前任务，这是孩子每天最基础的生活内容。排在这3个基础项目后面的是孩子的家长认为比较重要的项目——阅读、背单词。

表 7-3　积分记录表（填写完成）

项目\日期	晨起任务	写作业	睡前任务	阅读	背单词	额外积分	积分使用	合计
周六	16分	7分	16分	20分	15分	10分	−30分	54分
周日	16分	7分	8分	10分	10分	0分	0分	51分
周一	16分	14分	7分	10分	10分	15分	−32分	40分
周二	8分	14分	16分	20分	10分	20分	−15分	73分
周三	16分	7分	16分	10分	10分	5分	−15分	49分
周四	16分	14分	16分	10分	10分	20分	−60分	26分
周五	8分	0分	16分	20分	10分	20分	−30分	44分

统计完积分后，家长可以让孩子将积分兑换成物品，当做奖励。在这里建议家长将零用钱当做奖励，这不仅方便兑换积分，同时对孩子的财商启蒙也有很好的帮助。同样建议周五结算，这样孩子就

可以在周末的时候拿着这一周的奖励去购买自己喜欢或者需要的东西。如果周日晚上统计积分，即使换取了奖励，周一也没时间花钱，反而会让孩子把钱花在学校门口的小卖部那里，这应该不是家长希望看到的。

> 积分记录表的外面可以套一个A4大小的透明文件袋，这样就可以用白板笔在上面记录每一天的积分，每周统计完之后可以擦掉，下一周又可以继续使用，而不需要每周都打印新的积分记录表，由此省略了很多不必要的麻烦。很多家长不能持续地为孩子做记录，恰恰就是因为需要每周都准备新的表格这一点小事情。有了这张可以反复使用的积分表，就能很好地解决这个难题了。

积分细则

积分记录表需要搭配积分细则使用，积分细则能为孩子提供持续的动力。积分细则由多个表格组成（表7-4），分别为基础积分、积分使用、特别注意和额外积分。下面，将一一详解。

积分细则的第一个表格是基础积分，家长可以把希望孩子执行的任务都列在上面，每一项任务都有详细的清单，这里则限定执行的具体时间，孩子只要在规定的时间内完成清单上的任务就可以获得基础积分，每个项目1个基础积分。

采用这种机制，孩子的表现不论差到什么程度，也总会有一些积分。例如，晨起清单中有9项任务，很多都是孩子必须做的事情，如刷牙、洗脸、吃早餐、上厕所等，不管孩子是不是发自内心想完成任

表 7-4　积分细则

基础积分

事件	开始	结束	基本积分	满分	备注 1 分 / 项（部分完成），2 分 / 项（准时、不用提醒、全部完成）

积分使用

事件	使用积分	时间	备注（黑星 =-1 分）

特别注意

事件	黑星	备注

额外积分

事件	基本积分	满分

积分说明

1. 每___周积分兑换一次_____，兑换之后清零。

2. ___分可以兑换 1 张_____。

3. ___张_____可以兑换成___元，每周兑换一次。

务，也至少能完成4~6项任务，拿到这些任务的积分，这些就是基础积分。

不要小看基础积分，对孩子而言，它也是有推动作用的，因为孩子不论表现如何，每天都是能积攒一些积分的，而有了这些积分，孩子就会想表现得更好，拿更多的积分。就像成人对超市的积分卡的态度一样，如果积分卡里一点积分都没有，我们可能随手就丢弃了，但如果开卡的时候告诉你积分卡里有30分，只要积攒到100分，就可以兑换礼物，人们往往会觉得如果不用，那这30分就浪费了。大部分的人都有这样的心态——只要卡里有积分，就会不自觉地想积攒更多的积分。孩子也是一样，为了能用上基础积分，他就会努力积攒更多的积分。

基础积分中还有一列是满分，如果孩子不需要催促和提醒就能自己完成全部任务，就可以获得2倍于基本积分的满分。还拿晨起清单来举例，晨起清单包括9项任务，基本积分的总分为9分，只要全部是自觉完成的，就能得到18分的满分。这其实是告诉孩子，全部执行到位就有额外的奖励，这个奖励不是多一两分，而是整整多出一倍，这对孩子而言就是巨大的动力。

基础积分的最后一列是备注，家长可以在这里备注给予孩子的特殊奖励。这可以根据孩子的具体情况来确定。适合使用积分奖励的清单包括晨起清单、作业清单、睡前清单等，在此就不一一赘述。填写好的基础积分如表7-5。

表 7-5 积分细则之基础积分(填写完成)

事件	开始	结束	基本积分	满分	备注 1 分 / 项(部分完成), 2 分 / 项(准时、不用提醒、全部完成)
执行晨起清单	6:50	7:10	8 分	16 分	
执行写作业清单	18:30	20:00	7 分	14 分	提前完成:奖励 3 分
执行睡前清单	20:00	20:30	8 分	16 分	
阅读	30 分钟		10 分	20 分	喜马拉雅录音 1 条
背单词	3 个单词		5 分	10 分	放学前背完:奖励 3 分

积分细则的第二个表格是积分使用,这里列出的是需要消耗积分的事情以及使用原则,一般这里出现的都是家长要限制孩子做的事情,如玩手机。填写好的积分使用表如表7-6。

表 7-6 积分细则之积分使用(填写完成)

事件	使用积分	时间	备注(1 个黑星 =-1 分)
看 iPad	15 分	15 分钟	番茄钟定时,超过时间,2 个黑星 / 分钟
玩游戏	15 分	15 分钟	番茄钟定时,超过时间,2 个黑星 / 分钟
玩桌游	10 分	1 次	父母陪玩
约同学来家玩	30 分	1 次	不过夜

积分是孩子辛辛苦苦得到的。根据积分细则,玩手机、看电视是需要消耗这些辛苦积累的积分的,所以玩手机或看电视之前,孩子自然就会思考一下。他可能会想:"我是要现在玩游戏,还是留着积分,兑换成零用钱用于购买心爱的物品呢?"或者他会想:"我可以现在玩一会儿,然后再努力赚更多的积分。"

与强硬限制孩子玩手机或看电视相比，这种机制更好。因为在这种机制下，家长就把玩手机、看电视的自由选择权转化成了激发孩子更好地执行清单的动力。而且，这样也能让孩子明白，只有积攒更多的积分，才能有更多的自由。

积分细则的第三个表格是特别注意，上面的黑星其实就是出现警告、惩罚等情况的相应后果，我不提倡给予孩子过多的惩罚，因为惩罚不能带来正面的引导。制定黑星的时候，不要列太多事项，只列出一些的确无法容忍的行为，以便对孩子进行适当的监管。

积分细则的第四个表格是额外积分。这个表格中列出的事情应该是家长要鼓励孩子去做的事情。

填写好的特别注意表和额外积分表如表7-7和表7-8。

表7-7 积分细则之特别注意（填写完成）

事件	黑星	备注
看iPad太近	2个	提醒1次，第2次开始，2个黑星/次
写作业头太低	2个	提醒1次，第2次开始，2个黑星/次
偷玩iPad	30个	30个黑星/次

表7-8 积分细则之额外积分（填写完成）

事件	基本积分	满分
执行饭前准备清单	5分	10分
执行洗碗清单	10分	20分
倒垃圾	2分	5分

✔积分图

积分图适合7岁以下的孩子，这些孩子大多不会加减运算。

大多数家长给予学龄前孩子积分奖励的方式就是贴小红花、小星星，这些都是常见的方式。这些方式虽然有记录的作用，但形式过于机械化和单一，对孩子不会产生太大的吸引力。想更好地引起孩子的兴趣，家长就要投其所好。学龄前的孩子最喜欢什么？很简单，就是玩。所以，家长就要满足孩子爱玩的天性，对积分表进行场景化设计，通过更多新颖有趣、图像化、情景化的设计来吸引孩子的注意力，引导孩子参与场景化游戏中，融入故事情景，积极使用积分系统，重复正确的行为。

根据孩子能否独立使用，积分图可分为两种。

（1）与清单结合使用的积分图。这种积分图是利用清单的基础情景，结合家长和孩子一起想象的延伸情景，在清单执行的过程中，将清单与积分图结合，一起使用。

大部分学龄前的孩子都喜欢一样东西，那就是贴纸。那么，家长就可以投其所好，运用贴纸和孩子玩积分游戏。以"早起鸟"晨起清单（图2-1~图2-3）为例，孩子执行完清单中的全部任务、树叶全部变绿之后，就可以得到小鸟贴纸，并将其直接贴在清单上，这样既能丰富画面，又能使孩子得到即时反馈。早上完成的事情越多，得到的鸟儿就越多，孩子就自然而然地进入了积攒小鸟的游戏中，仿佛自己真的养了这么多小鸟。孩子当然会觉得这样的游戏很好玩，主动性也大大增加。而且，在计算小鸟数量、统计积分的过程中，孩子数数的能力也得到了培养，一举两得。

如果一段时间后，孩子不想贴小鸟了，可以换成贴小花，就像春天花开了，孩子往树上贴花，这也是培养孩子另外一种想象力。只要一种清单能持续使用4周，基本上就能帮助孩子初步养成习惯。如果想要继续下去，家长可以更换另一个场景的清单。

> 这种积分图适用于孩子用清单来培养习惯的初期，清单数量并不多的情况。为了节省材料，建议在清单上套一个A4大小的透明文件袋，这样只要孩子愿意，就可以连续玩数周。

（2）独立使用的积分图。这种积分图是独立使用的，家长需要结合孩子执行清单的情况，让清单完成情况在情景化的积分图中得以体现。

每个孩子喜欢的东西都不一样，只要了解孩子的喜好，家长就能以此为基础，跟孩子一起想象，设计出有趣的情景模式，并和孩子一起玩，帮助孩子培养良好的行为习惯。

举例来说，曾经有一个妈妈找我咨询，她的孩子在吃饭的时候总是在玩，无论家长如何劝说或责骂，孩子都不听，仍旧自顾自地玩，就是不吃饭。通过跟这位妈妈沟通，我了解到她家孩子特别喜欢小猫，还特别希望能在家里养只猫。于是，我告诉这位妈妈，可以利用孩子的这个喜好来帮助她改善吃饭拖拉的问题。

在我的引导下，这位妈妈给孩子设计了一个简单的情景积分图——喂小猫（图7-1）。妈妈告诉孩子："小猫和你是好朋友，如果到了吃饭时间，妈妈一提示，你就马上过来吃饭，我们就能给小猫发放3张食物贴纸，让小猫和你一起吃饭。"这样，孩子只要能按时

图 7-1 "喂小猫"积分图

到饭桌上吃饭，妈妈就给她发食物贴纸。如果妈妈一叫，孩子马上就来吃饭，孩子就可以得到3张贴纸；如果需要妈妈提示2次，可以得到2张；如果需要提示3次，只能得到1张；如果妈妈提示3次还不来吃饭，饿的不仅是她，还有她的小猫。使用这个积分图之后，基本上每天晚上妈妈只需要提示1~2次，孩子就能马上过来吃饭了。

这位妈妈还在积分图外套了一个文件袋，这样积分图就可以反复使用。孩子每天都玩这个贴纸游戏，小猫可以吃热狗、冰激凌以及其他各种好吃的东西，孩子高兴得不得了。

总之，家长可以大开脑洞，展开自己的无限想象，不断激发孩子的兴趣。如上文介绍的"喂小猫"案例，家长还可以买一些小猫贴纸回来，告诉孩子只要猫妈妈吃够10个食物，就能生出一个可爱的猫宝宝。家长只要给孩子设计出富有吸引力的积分图，孩子就很容易"上钩"。

使用积分图也有一些注意事项。

（1）**积分规则要灵活**。例如，有个家长告诉我，他们家孩子早上起来别的事情都完成得不错，可就是总忘记叠被子。我建议这个家长把叠被子这件事变成一个需要特殊奖励的任务，只要这一周孩子记得叠被子，就奖励给孩子3张贴纸，这样孩子对这项任务就会特别注意，因为孩子非常想获得更多贴纸奖励，以便兑换更多的奖品。

（2）**双倍积分能让动力加倍**。如果孩子不需要家长提醒就自觉地完成一项任务，孩子就应该得到双倍贴纸，这主要是对孩子的自觉行为给予肯定，这样孩子会更有动力去主动完成清单上的任务。

（3）**设计不同的情景，变换不同的方式**。考虑到孩子耐心不足的特点，家长需要设计不同种类的情景，变换不同的方式，以激发孩子的行动力。例如：男孩喜欢小动物，就给孩子设计一个动物园，搭配动物贴纸；或者设计一个恐龙乐园，搭配恐龙贴纸。

（4）**选择合适的奖品**。周末，孩子就可以用10张贴纸兑换1张积分卡，积分卡可以用于周末让爸爸妈妈带孩子去吃大餐、去游乐场玩，也可以用贴纸兑换特权卡（详见第141页），给孩子一些特别的权利，当然，特权卡的最终解释权还是在家长手里。回头想想，就1张游戏积分图和2张贴纸，就能和孩子玩快乐的游戏，引导孩子重复正确的行为，太值得了。关键是你知不知道孩子的喜好是什么，做的引导能不能投其所好。

✔️坚持记录积分

　　和孩子一起沟通协商好积分细则之后，就可以开始给孩子做积分记录了。切记：一定要坚持每天记录，不能因为孩子哪一天表现得不够积极就不记录。即使孩子表现出无所谓的态度，家长也不能情绪低落，甚至去埋怨孩子执行得不到位。家长应该表现得积极热情，并且要由衷地发现孩子的每一个小进步，鼓励孩子。不要觉得孩子应该得满分，这个想法是非常危险的，短期内彻底转变基本不可能，习惯需要慢慢培养，重要的是要对孩子有信心和耐心。家长重视积分，每天记录，孩子才会认真地对待积分表，才有动力去挣积分。千万不要记录两天，看见孩子执行情况不好，就立刻停止了，然后认为积分表没用。其实，不是积分表没用，而是家长没用心。

04 用特权卡激发孩子的内在驱动力

本节主要解决 3 个问题。

❶孩子做事情总是盯着积分,怎么办?

❷如何使用"既然……那么……"型奖励方式,激发孩子的内在驱动力?

❸特权卡能解决什么问题?

前面一节中,介绍了适合小学生使用的积分表,也介绍了适合学龄前孩子使用的积分图。有的家长担心给孩子使用积分奖励,孩子会不会只为了积分而完成任务,没有积分就不完成,甚至还跟家长讨价还价。本节主要分享如何使用"既然……那么……"型奖励方式,激发孩子的内在驱动力,规避积分驱动带来的弊端。

✔ "如果……那么……"型奖励

什么是"如果……那么……"型奖励呢?就是先确立明确的奖励目标,让孩子根据具体目标来行动,从而得到奖励。

· 如果你现在安静,我就给你手机!

· 如果你好好吃饭,一会儿就给你买冰激凌!

·如果期末考试考 100 分，就奖励你一个手机！

这些话是不是很熟悉？这种奖励方式就是"如果……那么……"型奖励，这是在事情发生之前就预设的奖励，属于条件式奖励。

积分表和积分图虽然表现形式不同，但本质上是一致的，都属于"如果……那么……"型奖励。它可以用在孩子日常行为习惯的培养上。这种奖励方式目标非常明确，对孩子有很好的引导作用，但这种奖励方式也存在局限性，容易让孩子只看到积分，只为了积分而行动，而忽略进步本身带来的快乐。这也是大部分家长使用积分奖励时最担心的问题。为了避免积分驱动的弊端，建议家长在使用"如果……那么……"型奖励的同时配合"既然……那么……"型奖励。

✔ "既然……那么……"型奖励

"既然……那么……"型奖励实际上就是随机奖励、意外奖励。简言之，就是当孩子表现特别好的时候给孩子加分或者给孩子一些他意想不到的奖励。这种奖励是没有预期的，是事情发生之后才有的奖励，是随机的、没有规律的，却最容易激发孩子执行的热情。

成人一般都非常喜欢这种随机奖励，比如你发一条朋友圈后会等着看谁来点赞、谁来评论。这种随机的点赞和评论能让你很兴奋，让你每天几十次、上百次地点亮手机屏幕，看别人对自己信息的反馈。这些朋友圈的点赞或评论会激发你去思考下次要怎么发朋友圈，怎么吸引更多人来点赞或评论。

孩子也是一样的。得到一次随机奖励之后，由于孩子不知道什么时候家长会因为他的某一个好的表现而特别奖励他，孩子会特别愿意好好表现。这样的随机奖励是激发孩子内在驱动力的一个非常好的手段。

那么，家长要通过何种方式给予孩子随机奖励呢？

（1）**不确定的积分**。有些孩子刚开始使用积分表或积分图的时候非常积极。曾经有一个妈妈来找我咨询，告诉我她的女儿——一个叫琪琪的小朋友——每天都能快速完成清单上的任务，得到双倍积分，而且还非常主动地帮忙做家务。有一天，琪琪在妈妈回家之前就帮忙把晒在外面的衣服收下来、叠好、放入衣柜，妈妈下班一回到家，琪琪就冲上去迎接妈妈，告诉妈妈自己已经帮忙收衣服、叠衣服了，向妈妈要积分。这位妈妈问我，这个时候究竟要不要给孩子积分呢？

其实，这个时候妈妈应该先肯定孩子所做的事情，给孩子积极的反馈，而不是马上回答是否给积分。例如，妈妈可以跟孩子说："很感谢你积极地做家务，你这几天的表现真的出乎我的意料，作为家里的一分子，你能参与家务，妈妈的确感觉到你长大了。家务劳动不在我们规定的积分范畴之内，从你的表现来看，你也已经非常享受做家务的快乐。我们晚上计算积分的时候，再讨论要不要把家务计算到积分当中，好吗？"

然后，在晚上计算积分的时候，妈妈可以表明立场，让孩子明白并不是做任何事情都能得到积分的。妈妈可以明确地告诉孩子："妈妈不想把家务劳动计算到积分当中，因为做家务本来就是家庭所有成员都应该参与的事情。"

孩子肯定会因为得不到积分而失望，这时又该怎么办呢？

建议可以另外奖励一些积分给孩子，但要告诉孩子给她这个积分是因为她今天做事积极主动，这是奖励她积极上进的态度。因为积极上进的态度的确值得认可，所以给予积分并不过分。这样既满足了孩子渴望得到积分的心情，也表明了家长的立场，让孩子明白不是做任何事情都可以得到积分的。

（2）特权卡。家长可以通过给孩子发放特权卡（图7-2），不断激发孩子的自我认同，激发孩子的内在驱动力。什么叫特权？当然是平时不能拥有的权利。当孩子持续几天都重复正确的行为时，家长就应该给孩子更多肯定。除了物质和金钱的奖励，家长还可以给孩子一些特权，让孩子有做小主人的感觉。孩子就会知道，正确的行为可以带来这么多的好处。

例如，孩子持续一周每天都能认真地把饭吃完，不把米粒掉在地上，那么孩子就可以得到一张自由卡，周末的时候就可以在家里当一天"小家长"，由他决定今天去哪里玩、吃什么东西，或者允许他做一件平时家长不让他做的事情。

再例如，孩子这一周每天都能按时上床睡觉，周末就可以得到去游乐场的特权。或者这一周孩子学习特别自觉，就能得到一张免吼卡，以后当家长对孩子发脾气的时候，孩子有权拿出这张卡，让家长停止吼叫催促的行为。

图 7-2　特权卡

有的孩子想自己设计特权卡，这个时候家长可以和孩子一起设计制作，通过这样的方式，家长更容易走入孩子的内心世界，让孩子感觉到爸爸妈妈对自己的支持和信任。

特权卡可以随机给，也可以让孩子用积分兑换，如用50～100个积分兑换一张特权卡。家长可以根据孩子的年龄、喜好来制定具体细则，最终解释权还是在家长的手里。

当孩子得到特权卡的时候，会感觉到家长对自己的肯定和认同不仅是口头说说而已，而是从物质上、精神上让他得到满足，孩子就会非常自豪，也会更有信心地继续正确的行为。

总之，"如果……那么……"型奖励和"既然……那么……"型奖励相结合，对孩子的确有肯定、引导、促进的作用，能更好地激发孩子的积极性，让孩子既有主动性，又有目标感，还能触发孩子内心的认同感。孩子的内在驱动力在这些鼓励中也会逐渐被激发，从而有助于好习惯的养成。

05 发现闪光点，激发孩子的持续行动力

本节主要解决 3 个问题。

1 如何用精神奖励规避物质奖励的弊端？

2 精神奖励就是口头说说而已吗？还有哪些形式呢？

3 如何把精神奖励转化为孩子内在持久的行动力呢？

✔ 物质奖励与精神奖励

物质奖励可以让孩子快速行动，精神奖励可以激发孩子的内在驱动力，精神奖励和物质奖励相结合，才是快速且长期地激励孩子的方式。之前，我们使用的积分奖励和随机奖励方式，大部分是以物质奖励为主，那怎么给孩子精神奖励呢？

很多家长不认同物质奖励，认为这样会让孩子形成"物质第一，金钱至上"的价值观。但事实上，不管家里有没有建立积分奖励机制，大部分家长都曾给过孩子物质奖励，哪怕是奖励给孩子一块糖，都属于物质奖励。

物质奖励的确存在一些缺陷，所以我们需要配合精神奖励的方式，以抵消物质奖励带来的负面影响。家长可以通过精神奖励让外在的鼓励深入孩子的内心，使外部动力转化为孩子的内在动力。

物质奖励是一剂"兴奋剂",容易激发孩子的热情,启动孩子的行动力。精神奖励是一剂"营养液",可以长久地输送养分,激发孩子的内在驱动力,这两种奖励缺一不可。

✔ 有效的精神奖励

如何给孩子精神奖励?什么样的方式最容易让孩子接收到来自家长的精神奖励?只是说"你真棒"吗?当然不是,下面重点分享两种最容易操作、最有效的精神奖励。

让孩子有时间玩

在讲解时间图的时候,我就反复强调,要留出时间给孩子自由安排。孩子可以有自由的时间去做自己最喜欢的事情,这本身就是一种最好的奖励。在孩子的思维中,可以不给他好吃的食物、不给他穿好看的衣服,但不能不让他玩,玩是孩子的天性。闭上眼睛,回忆一下你的童年,是否还记得你穿过什么好看的衣服,是不是一件都记不清了?你可能只记得你在某个地方玩的场景。

给孩子自由安排的时间非常关键,那些执行效果不好的妈妈跟我反馈说:"过几天孩子又恢复原样了。"我帮她们分析原因,最后才发现这些孩子的妈妈都犯了一个共同的错误——孩子写完作业后,又给孩子增加任务,这就是在霸占孩子的自由时间,孩子肯定不愿意。孩子会想:反正做得快还会增加任务,还不如拖拉磨蹭,边写边玩,还能玩一会儿。

发现触及心理的闪光点

说得通俗一些，就是口头表扬。看了这个，很多家长肯定想：这还不容易，我也经常表扬孩子"你真棒""你好厉害"等，可孩子好像没有什么变化。的确，现在的家长经常表扬孩子，可是那些表扬能否触及孩子的心灵、能否让孩子也认可自己的卓越呢？如果你表扬孩子时，除了"你真棒""好厉害"就找不到其他语言了，那肯定是不够的。

这也不能全怪家长，很多家长并未接受过赏识教育，大部分人所受的教育都属于"戒骄戒躁式"。回想小时候，你要是拿一张考了98分的试卷回家，家长是不是通常会说："这一次粗心大意了吧，下回要注意。"就算拿一张100分的试卷回家，家长也通常会说："要谦虚谨慎，不要得100分就骄傲了，要戒骄戒躁。"

在这样的教育方式之下长大的人，即使知道这样的方式不好，潜意识里也已经传承了这种方式，所以教育自己的孩子时总是看不到孩子的优点，看到的都是孩子的缺点。

想说出有质量的表扬话语，说出能触及孩子心灵的表扬，家长需要做出改变——发现孩子的闪光点。这是需要刻意练习的，练习时不仅要说，更要写下来。

发现闪光点是有套路的，就是每天观察自己的孩子，将孩子每天做得最好的细节记录下来，然后写出这个行为体现出哪种值得夸赞的品质。下面列出4种发现闪光点的句式：

描述式：句式为描述事实+总结感受。简单而言，就是描述孩子的行为以及家长的感受。

范例一：宝贝，看见你主动把家里的地板拖干净，妈妈感到很开心（告诉孩子这样做的良好结果，引导他继续这样做）。

范例二：宝贝，妈妈发现你的房间非常乱，这是不讲卫生的表现，妈妈感到很难过（告诉孩子这样做别人不会喜欢，但又不会伤害孩子的自尊）。

感谢式：句式为描述事实+感谢。

范例：宝贝，你今天在规定的时间内完成了作业，谢谢你履行了我们的约定（注意：当孩子履行了你们之间的约定时，家长应当表示感谢，但应感谢他履行了约定，而不是感谢他完成了作业）。

授权式：句式为向孩子授权。

范例一：宝贝，妈妈相信你一定能做到最好（给孩子信心）。

范例二：宝贝，妈妈相信你的判断（给孩子勇气）。

启发式：句式为问感受+问过程(或方法）+问下一步行动。

范例一：宝贝，你语文成绩考得不错，现在感觉如何（问孩子的感觉，让孩子体会做得好时的感觉）？

范例二：你是怎么做到的（给孩子展现自我价值的机会，引导孩子总结正确的做法）？

范例三：宝贝，你这次的语文成绩很好，那你用学语文的方法能让你的数学成绩也进步吗（引导孩子说出愿景，并鼓励其下一步的行动）？

第一种句式就是最常用的，建议家长从一个句式开始练习，熟练运用之后，再用第二种句式，以此类推。

发现孩子的闪光点

很多时候，家长对自己的孩子只能看到缺点，对于孩子的进步之处完全看不到，哪怕看到了也会立刻来个转折——但是，如"但是你这里没做好，那里没做好"。如果总是盯着孩子的缺点，孩子怎么可能进步呢？

给孩子积分，其实就是在帮助家长刻意练习如何发现孩子的闪光点。哪怕优点只有一点点，也是孩子的成果。家长要在孩子不断进步的道路上默默地给予孩子正面的引导与肯定，让孩子在家长的嘉许中找到自我提升的勇气，激发其内在的自我驱动力，这才是家长最需要做的事情。

发现孩子的闪光点不仅仅有助于培养孩子的时间管理能力，还有助于孩子形成自我认同感。未来是个性绽放的时代，个人的影响力已经可以通过互联网渗透到全球各地，如果孩子的自我认同感没有建立好，这对孩子而言是巨大的损失。孩子的自我认同感最初就来自家庭，来自家长的认同，可是很多家长都不知道这一点，不能接纳孩子的不足，不能肯定自己的孩子，更不知道如何嘉许自己的孩子。很多人长大之后会出现各种各样的自卑情绪，就是因为在自我认同感发育的关键期，由于家长的打压，其自我认同感没有形成。家长一定要帮助自己的孩子建立正确的自我认同感，只有自我认同感建立起来，孩子才能学会换位思考，才能学会社会认同。

另外，发现孩子的闪光点还能让孩子看到家长对自己的肯定，孩子会觉得无论何时都有一双关注他的目光在欣赏他的优点，家长与孩子的亲子感情也将比以往更加牢固，家长将成为孩子最坚实的情感后盾。

刚开始刻意练习发现孩子的闪光点时，大多数家长可能非常不习惯，特别遇到孩子表现特别不好的时候。曾经有一个妈妈向我反馈，有一天，孩子表现特别不好，晚上孩子睡觉之后，她安静下来写孩子的闪光点时才发现，一整天她都在生孩子的气，一点都没有注意孩子的优点，那时她就在想，这是事实吗？是孩子真的一点闪光点都没有，还是自己被自己的情绪左右了？可见，发现孩子的闪光点其实也是家长自我反思的机会。当你实在想不出孩子的闪光点时，你要学会反问自己：如果有，那是什么呢？

通常，很多家长都喜欢使用那种把孩子逼得走投无路的"惩罚型开关"。其实，我们更提倡使用正能量的"奖励型开关"，把孩子的主动性调动起来，这样孩子更容易接受。

通过一段时间的练习，你会发现自己开始关注孩子的优点多于关注孩子的缺点，哪怕在和孩子闹情绪的时候，你仍然可以看到孩子做得好的细微之处。

　　光发现孩子的进步之处还不够，一定要记得写下来，让孩子看到。最好的方式就是每天拿一便笺纸，写上当天发现的孩子的闪光点，直接把便笺纸贴在孩子的积分表旁边。对孩子而言，这是父母给予的最好的礼物。

⏱ 如何找到孩子的"行动开关"？

人生中所做的每一件事不是为了逃避痛苦，便是为了追求快乐，这就是激发人的行动的两种"行动开关"。根据这个理论，我们可以把激励人持续行动的开关分为"奖励型开关"与"惩罚型开关"两大类。

众所周知，培养一个新习惯是需要时间的。我们不仅要给孩子即时反馈，还要帮助孩子找到属于他的"行动开关"，让孩子能更好地持续行动。

每个孩子的行动开关都是不一样的，如有些孩子很有目标感，那目标就是他的"行动开关"。为了提升孩子学习的干劲，家长可以在孩子学习的时候把期末考试想达到的分数目标贴在墙上，为孩子加油打气。又如有些孩子觉得爸爸妈妈的陪伴能让自己更有安全感、更有动力，那爸爸妈妈的陪伴就是他的"行动开关"，在他写作业的时候，爸爸妈妈就可以陪伴着他。

对年龄小的孩子来说，追求快乐就是"行动开关"，家长就可以在孩子吃完饭后奖励他看动画片，这就可以提升孩子吃饭的速度。

奖励型开关

奖励：其实，这就是前面章节所说的物质奖励，通过给孩子积分奖励和特殊奖励，让孩子有动力来解决眼前的困难。

称赞：这和前面章节介绍的发现闪光点是一致的，就是持续不断地给孩子精神鼓励。孩子得到称赞，自信心就能增强，这能帮助他突破眼前的难关。

游戏化的方式：游戏化可以使孩子参与的热情大大加强。我们一直提倡使用游戏化的方式启动孩子的行动力。游戏化不仅仅体现在清单的形式上，还可以渗透到执行过程中的每一个环节，让孩子在枯燥的行动过程中找到乐趣。爱玩本来就是孩子的天性，如果一项任务能一边做一边玩，孩子就会享受整个过程，行动力自然而然就会增强。

理想目标：家长可以帮孩子确立具体的理想目标，让孩子有非常明确的目标感，孩子的行动力也会因此而增强。

仪式感：仪式感会让事情本身的意义得以升华。例如：给孩子使用番茄钟就有一定的仪式感，可以强化孩子的行动力。

清除障碍：家长要清除干扰孩子行动的障碍。例如：孩子总是在写作业的时候东摸摸西看看，不能专注地写作业，那家长就要想办法把那些会分散注意力的物品收拾起来，在孩子写作业的时候不让这些物品出现，这可以让孩子在写作业过程中更专注。

※※※※※※※※※※※※※※※※※

结交朋友：让孩子结交需要培养相同习惯的朋友，让他们共同努力，减少孤独感，这可以增强孩子的行动力。

惩罚型开关

预估亏损：预估会出现的负面结果。在执行之前，让孩子想象如果执行不到位会出现哪些负面结果，并且把这些负面结果具体化、细节化，让孩子想象成真正发生过一样，并且在想象完之后，把这些内容记录下来，变成可视化清单贴在墙上，加深孩子对负面结果的印象，从而帮助孩子增强行动力。

对大众宣布：让孩子对大众公开宣布计划，人为制造无退路的状态。也就是面向家人或朋友做出公众承诺，给孩子形成一种被大众监视的压力，以避免其偷懒。

惩罚游戏：利用惩罚游戏击退各种借口。这个惩罚游戏其实就是一个约定好的处罚方式，家长可以由孩子自己决定惩罚的方式以及惩罚的结果，并与孩子签订"惩罚契约"，这样更具有约束力，也更有效果。

强制协议：强制约定，父母强行监督。例如，可以请专门的辅导专家帮助孩子提升学习效率，或者让孩子去老师家上辅导课，营造一个不得不做的环境，让孩子感觉必须执行。

时间限制：家长设定好截止时间，开始倒计时，时间一到，孩子就要立刻停止，不能再做这件事，通过时间截止的强制性让孩子产生压迫感，促使孩子认真对待自己需要做的事情。

环境限制：创造严苛的环境。例如，没有做完某件事之前不允许开空调、不能打开音乐。

以上这些都是很好的"行动开关"，家长可以从一两个特别熟悉的"行动开关"开始，然后再慢慢延伸。至于孩子适合用哪种"行动开关"，需要家长根据自己孩子的性格和特点进行选择。

每一个"行动开关"都不是独立存在的，所有"行动开关"都是可以相互并行、同时使用的，而且多种"行动开关"并用，效果更佳。具体怎么用？选择哪种方式？家长要多跟孩子沟通、多次尝试，并在尝试过程中多思考。也许，在这些基础的"行动开关"之外，家长还可以找出更多的"行动开关"。

通常，很多家长都喜欢使用"惩罚型开关"。其实，"奖励型开关"更能调动孩子的积极性，孩子也更容易接受。

但是，不管是"奖励型开关"还是"惩罚性开关"，使用的时候都一定要因人而异，不见得哪种是灵丹妙药。当孩子在行动过程中停滞不前，家长就需要跟孩子一起讨论问题出现在哪里，然后从"行动开关"中找到最适合孩子的，帮助孩子继续执行这个行动。

※※※※※※※※※※※※※※※※※